轻与重
FESTINA LENTE

姜丹丹 何乏笔（Fabian Heubel） 主编

爱的多重奏

[法] 阿兰·巴迪欧 著 邓 刚 译

Alain Badiou
Éloge de L'amour

华东师范大学出版社
上海

华东师范大学出版社六点分社　策划

主 编 的 话

1

时下距京师同文馆设立推动西学东渐之兴起已有一百五十载。百余年来,尤其是近三十年,西学移译林林总总,汗牛充栋,累积了一代又一代中国学人从西方寻找出路的理想,以至当下中国人提出问题、关注问题、思考问题的进路和理路深受各种各样的西学所规定,而由此引发的新问题也往往被归咎于西方的影响。处在21世纪中西文化交流的新情境里,如何在译介西学时作出新的选择,又如何以新的思想姿态回应,成为我们必须重新思考的一个严峻问题。

2

自晚清以来,中国一代又一代知识分子一直面临着现代性的冲击所带来的种种尖锐的提问:传统是否构成现代化进程的障碍?在中西古今的碰撞与磨合中,重构中华文化的身份与主体性如何得以实现?"五四"新文化运动带来的"中西、古今"的对立倾向能否彻底扭转?在历经沧桑之后,当下的中国经济崛起,如何重新激发中华文化生生不息的活力?在对现代性的批判与反思中,当代西方文明形态的理想模式一再经历祛魅,西方对中国的意义已然发生结构性的改变。但问题是:以何种态度应答这一改变?

中华文化的复兴,召唤对新时代所提出的精神挑战的深刻自觉,与此同时,也需要在更广阔、更细致的层面上展开文化的互动,在更深入、更充盈的跨文化思考中重建经典,既包括对古典的历史文化资源的梳理与考察,也包含对已成为古典的"现代经典"的体认与奠定。

面对种种历史危机与社会转型，欧洲学人选择一次又一次地重新解读欧洲的经典，既谦卑地尊重历史文化的真理内涵，又有抱负地重新连结文明的精神巨链，从当代问题出发，进行批判性重建。这种重新出发和叩问的勇气，值得借鉴。

3

一只螃蟹，一只蝴蝶，铸型了古罗马皇帝奥古斯都的一枚金币图案，象征一个明君应具备的双重品质，演绎了奥古斯都的座右铭："FESTINA LENTE"（慢慢地，快进）。我们化用为"轻与重"文丛的图标，旨在传递这种悠远的隐喻：轻与重，或曰：快与慢。

轻，则快，隐喻思想灵动自由；重，则慢，象征诗意栖息大地。蝴蝶之轻灵，宛如对思想芬芳的追逐，朝圣"空气的神灵"；螃蟹之沉稳，恰似对文化土壤的立足，依托"土地的重量"。

在文艺复兴时期的人文主义那里，这种悖论演绎出一种智慧：审慎的精神与平衡的探求。思想的表达和传播，快者，易乱；慢者，易坠。故既要审慎，又求平衡。在此，可这样领会：该快时当快，坚守一种持续不断的开拓与创造；该慢时宜慢，保有一份不可或缺的耐心沉潜与深耕。用不逃避重负的态度面向传统耕耘与劳作，期待思想的轻盈转化与超越。

4

"轻与重"文丛，特别注重选择在欧洲（德法尤甚）与主流思想形态相平行的一种称作 essai（随笔）的文本。Essai 的词源有"平衡"（exagium）的涵义，也与考量、检验（examen）的精细联结在一起，且隐含"尝试"的意味。

这种文本孕育出的思想表达形态，承袭了从蒙田、帕斯卡尔到卢梭、尼采的传统，在 20 世纪，经过从本雅明到阿多诺，从柏格森到萨特、罗兰·巴特、福柯等诸位思想大师的传承，发展为一种富有活力的知性实践，形成一种求索和传达真理的风格。Essai，远不只是一种书写的风格，也成为一种思考与存在的方式。既体现思索个体的主体性与节奏,又承载历史文化的积淀与转化,融思辨与感触、考证与诠释为一炉。

选择这样的文本,意在不渲染一种思潮、不言说一套学说或理论,而是传达西方学人如何在错综复杂的问题场域提问和解析,进而透彻理解西方学人对自身历史文化的自觉、对自身文明既自信又质疑、既肯定又批判的根本所在,而这恰恰是汉语学界还需要深思的。

提供这样的思想文化资源,旨在分享西方学者深入认知与解读欧洲经典的各种方式与问题意识,引领中国读者进一步思索传统与现代、古典文化与当代处境的复杂关系,进而为汉语学界重返中国经典研究、回应西方的经典重建做好更坚实的准备,为文化之间的平等对话创造可能性的条件。

是为序。

姜丹丹、何乏笔(Fabian Heubel）

2012年7月

"我们知道,爱就是去不断地重新创造。"

——兰波《地狱一季》

目 录

爱带给我们行动的勇气（推荐序） /1
译序 /11
引言 /31

1 备受威胁的爱 /35
2 哲学家与爱情 /43
3 爱的建构 /57
4 爱之真理 /69
5 爱与政治 /83
6 爱与艺术 /105

结论 /123

巴迪欧作品列表 /135

爱带给我们行动的勇气(推荐序)

陆兴华

巴迪欧为什么要来谈爱?

目标可能还是在如何获得行动的勇气这一点上。由爱出发的行动里,我们才会表现出勇气,才能学会忠诚,在全球历史中找到北,找不到北,也能有毅力继续找,直到完成我们自己的贝克特式命运。这可能是巴迪欧要来谈爱情的主要原因。

巴迪欧在这个文本里最关注的,不是自柏拉图《会饮篇》以来哲学家们对爱情的形而上学式探究,而是关注:我们如何在这个黑暗时代从人身上的正面力量中找到一种美好的寄托？他向我们展示：爱情可以怎样被放大到一种政治情境中，成为政治追求的动能？

爱，被巴迪欧看作是一种坚持到底的冒险。它能引领我们进入对未来的伟大冒险。巴迪欧最忠诚的追随者——齐泽克，很好地阐明了巴迪欧对于爱，也就是对于真正的平等—解放政治的信念：让我们去爱上垃圾，爱上我们这个将要完蛋的世界，爱它们到尽头，一直挺下来，熬出头，带着勇气忍受，在不可能中实践可能，站到命运的另一边去，直到让我们自己都惊奇为止。只有爱的贯穿，行动才能如此彻底。

讨论爱，为什么就是在讨论一种真理过程？爱就是走向真理的过程？

巴迪欧认为，艺术、科学、爱和政治，是我们人类走向真理的四种途径。在这四条道路上的每一种追求，都会把我们升华到更高的命运刻度。

比方说，恋人们面对自己的爱情，会像一个稚嫩的艺术家面对他的材料时那么焦虑："纯粹的偶然如何成为真理？"如何使我们的爱结出正果？作品或爱的力学、心理和精神支撑点到底在哪里？去爱，这就是去做作品吗？像马拉美所说，这不啻是围海造田，搭出一个外围，抽干其中的有限，将里面的偶然和随机，像鱼干一样，永恒地晾晒其中。去爱，这是谈恋爱呢，还是做作品？框住一块现实，抽掉其中易腐烂的蛋白质，风干，展示被围堵其中的那些偶然、随机和必然，这既是艺术创作，也是谈恋爱：是抽象雕塑？把自己做进活体标本？

爱的作品里有"俩"：交叉、混合和关联后，两条命运搭结其中，在"共同世界"里扭合成"俩"。马拉美说，最终，偶然应该被固定。固定？在作品中如何固定？这也等于问：如何将我们的爱定位到历史坐标系中？

"爱是通向真理的一步。"爱是关于真理的全新体验。每一次都不一样。齐泽克这样写游击队内的恋人们的爱：互相告密、残杀后，再在斗争中重燃爱火，热烈相拥。一次次感情波折，成为革命道路上的限速标志。达到了爱之真，就是恋人们在这一刻观照了自己的命运。在巴迪欧的哲学中，我们能见到很重的马拉美式诗性：

我们时时在掷殻子，掷一次，历史就对我们清明一次：直面真理，每一次都重新来过。爱也是这样一次次的掷殻子，需天天、时时来验证。革命者像恋人那样，需要时时明证自己的历史坐标，一次次重申自己的爱，这样，他的行动才有方向，才有力。

两人之间的爱为什么会通向共同体的平等——解放政治？

二人结合本身通向纯粹、共同的创造。所以，贯穿情爱的戏剧，是"博爱的审美形式"。感情戏中展现了人人身上的共产主义倾向的枝蔓与瓜葛：公共、共同事业高于私人事务，高于个人内心。两个人的爱：这是"最小的共产主义单位"。在形式上，爱是一次巡回演出，演出之后会分开、隔离，忘了打电话，可能再也见不着，但将要到来的思念，使分离也出足戏分。所以，爱是："反抗隔离的可能"，爱是我们想要努力继续留在路上的决心。

电视和电影里的，都只是"性的滑稽剧"，真正的戏剧，应该是政治再加上爱，让二者交叉；戏剧是要演出"爱中爱"、"爱之爱"、"对爱的爱"、"爱爱"。这就是为什么普天之下，爱情剧全都一个样：青年人在一些无产阶级人物的帮助下，去反对教会和国家所支持的老年人，去获得自由，不再屈服于父母安排的婚姻，真的走到一起，构成一个共同的创造小组。

由爱到政治，展现了"从两个人过渡到人民"之后的经过。爱成为政治，就是从两个人的爱出发，去到集体中追求"平等地一起创造"这一伟大目标。而政治，在巴迪欧的哲学中，是指：使集体一起去爱、思考和行动。做政治是做什么？他认为可以简答：做政治是追问：这个我所处的集体，到底还能够做什么？

这个集体还能做什么？这个集体要怎样才能共同地去做这个什么，并做得正义？我们应该如何来使这个集体共同地去做那些我们认为它应该去做的事儿？我们怎么使我们自己去这样做？这些意向和行动，都是政治。政治像爱，也是人类的共同筹划和共同冒险，是把赌注押到了很高、很远。共产主义？那是：去爱，为了去爱，而需要爱，集体地去爱：那是无数个俩们的使命：那开始于两件乐器之间的重奏。

在充塞欲望和快感的时代里来谈"爱",这是一种什么样的策略?

独特和困难在于巴迪欧是在拉康传统里来谈爱。他是在这一倾向上来讨论爱的:如何用爱来弥补性关系的缺失?如何去爱来修补性关系缺失给我们带来的心理创伤?

在现当代法国哲学里,我们是听得多了:没有性关系,不存在性关系,性关系,那是没有的,拉康说,我们又学着他说。巴迪欧避开了心理分析对于爱的主要关注,只盯住两点:一是,男人最终会发现女人身体之皮肤下潜伏着死亡,胸皱脸瘪将会成为女人的宿命,但还是冲进那一层其实不是性关系的关系里;二是,性的确如拉康说,是个人自恋地与自己发生关系的借口,但它仍不失为个人本体的基本力量,像地球的重力那样,使他向外,面向他者,去触摸也等待被触摸(爱是触摸对方的身体之开放)。性是个人此在的"绽出"的力量(能)

之源，个人好像总想要离开他自己一样，要逃出自己的身体这片死亡场地，这个冲动就是爱。

性是无法搭接的冲动，但爱能持续：它是错误的冒险，唐突的宣言和孟浪的托付，但可以一再透支；因为，巴迪欧说，爱是宣言，是可以凌乱而一再地重新作出的宣言，是宣言之上的宣言，是对宣言的一再宣言，是对最新的宣言的重申。

爱是对忠诚的训练的话，它会不会成为工具？

忠诚，巴迪欧认为，是通过爱，去"征服偶然"，达到"一"。忠诚是要与爱人成为"一"这个"一"，巴迪欧是照了毛泽东的意思，来理解：它是"俩"。"俩"是一？是的，爱之中，俩是一。但他又在之上带有马拉美倾向：征服一路上的错位和散失，就是爱之中的忠诚，正如马拉美说诗歌是"逐个征服字，进而征服自然"一样。

在巴迪欧的哲学里，总的主体场域，是由忠诚的主体带来的。主体的历史坐标一开始是清晰的。主体一在场，反动的主体和暧昧的主体就同时冒出，互相作对或共谋，要来削弱这一在场的实质，或掩盖这一在场。

反动的主体成为忠诚的主体的无意识。它在革命胜利后就会说，这些忠诚的主体以前作出的决裂，是不算数的，必须为欲望和快感让道。它会说，不应该用暴力和恐怖，而应该和平地去得到一个温和的或已熄灭的当前。这一反动主体本身是由下面这些身体的残骸粘合而成：被吓倒的和临阵逃脱的奴隶、革命群体里的变节者、被回收成为学者的先锋艺术家、盲目于其学科发展的老科学家、被婚姻的日常套路窒息的情人们。

对于暧昧主体来讲，当前成为它的无意识，成为其致命的扰乱。暧昧主体之身体直接与过去相关：打了败仗回来的老兵、失败的艺术家、被苦涩败坏的知识分子、干瘪的主妇、没文化但肌肉发达的青年、被资本毁了的店主、走投无路的失业工人、招人恨的夫妻、单身的告密者、妒忌诗人成功的学者、沉闷而没劲的教授、各色仇外者、贪图荣誉的黑手党、邪恶的神父和戴绿帽的丈夫。暧昧的主体向这些身份提供着新的命运机会，使它们成为绝对的身体，只要求它们去仇恨任何活的思想、透明的语言和不确定的成为（巴迪欧，《世界的各种逻辑》，Alberto Toscano 英译，Continuum 出版社，2009 年，61 页）。

　　但是，巴迪欧认为，忠诚的主体又是由这些反动主体和暧昧主体的残骸构成。爱这一行动，是主体场域里的正面力量。它使主体走出反动和暧昧。忠诚似乎就成了主体的自我修复力量，是我们走出黑暗时代的真正动力。爱对于我们就是这样的动力。

2012 年 4 月 5 日

译　序

呈现在读者面前的这本小书，是法国当代著名哲学家阿兰·巴迪欧 (Alain Badiou) 在 2009 年出版的作品。虽然是小书，讨论的却是大而泛的主题：爱。

不一定每个人都关心哲学，但是几乎人人都会或多或少关心爱，小到夫妻之爱、亲子之爱，大到爱邻人、爱众生、爱万物。流行歌曲唱的，电视电影演的，综艺节目谈的，似乎都少不了爱情。最近几年，许多电视台都推出了不同类型的交友婚恋类的综艺节目，从嘉宾到观众，人人都在谈情说爱，从见面的第一刻就开始谈婚论嫁，几轮挑战下来，男女嘉宾即有可能成功牵手，仿佛幸福就在这一刻来临。

不过,在巴迪欧看来,两个人的相遇还远远不算爱情,最多算是爱情的开端,只能算是万里长征走了第一步,未来的路还长得很,关键在于接下来的考验。此外,在恋爱和结婚之前,考察对方是否有车有房,有稳定的工作收入和良好的事业前景,似乎这样的爱情将是"安全的",这也是巴迪欧所反对的。爱是突如其来的事件,不可预料,也不可能用任何的实用理性来加以考量。想要给爱情加上一个"安全阀",往往会徒劳无功。

本书的作者阿兰·巴迪欧,和齐泽克(Zizek)、朗西埃(Jacques Rancière)等人一起,是当今欧美理论界最有名、最受关注和最受争议的几个左派思想家之一。巴迪欧1937年出生在摩洛哥的一个法国知识分子家庭,当时的摩洛哥是法国的殖民地。其父亲雷蒙·巴迪欧(Raymond Badiou)早年曾长期担任数学老师,二战期间参加抵抗运动,二战后曾长期担任法国南部重镇图卢兹市的市长(1944—1958)。雷蒙·巴迪欧也是当时法国的左派组织"国际工人运动法国支部"(Section Française de l'Internationale Ouvrière)(目前法国左派大党社会党的前身）中的积极分子和重要骨干成员。

　　毫无疑问，父亲给小巴迪欧的影响是直接而深刻的。一方面，阿兰·巴迪欧对数学有着深入的认识和理解，当他投入哲学之后，对数学与哲学的关系有许多深入的研究，并将数学视作哲学不可或缺的一部分；另一方面，在政治上，他继承了父亲的左派立场，后来又受到其他左派思想家，特别是阿尔都塞的影响，从而最终成为一个更激进的毛主义的马克思主义思想家。

　　1956年，巴迪欧考入被誉为"哲学家摇篮"的巴黎高师，一直待到1961年。从巴黎高师毕业之后，他陆续在外省几所中学担任哲学教师。从1969至1999年，在巴黎第八大学担任教授。从1999年起，他开始在巴黎高师授课，直至退休。在从事教学活动的同时，巴迪欧也积极参加政治活动。作为1968年"五月风暴"的积极分子，他始终忠于那一代人的理想和信念，始终是一个彻底的左派。他曾经组织和加入法国的左派毛主义政党"法国马列主义共产主义者联盟"（Union des Communistes de France Marxiste-léniniste），并成为其中的主要领导成员之一。这虽然是一个左派小政党，但也从1969

年一直延续到 1985 年。在小党层出不穷的法国,每年都有不少新的党派诞生,也会有不少党派解散,许多小党往往都是昙花一现就永远地退出了政治舞台。因此,对于一个小党而言,能够坚持 16 年已经算是不俗的成绩。

巴迪欧也写了不少文章,为共产主义辩护,激烈地抨击和讽刺现实,揭露西方议会民主制的空洞和虚伪。此外,巴迪欧还是一个文学家,他的创作主要涉及小说和戏剧两个领域。当然,和他的政治立场、哲学见解一样,他的文学创作也是别出一格,充满了一个左派知识分子对下层劳动人民的同情和共产主义理想情怀,充满了哲学气息和政治隐喻。

巴迪欧的作品很多,大致可分为三大类:一是哲学类的理论著作;二是政治时评,通常是一些小册子;第三类则是文学创作。当然,他本人一定会否认这样的区分,事实上,在他的作品中,尤其是后两类作品中,往往充满了哲学的思辨气息,而他的文学创作和哲学理论著作,则充满了强烈的政治关怀。在哲学类作品中,又可分为两类,一类是表明自己学说的理论著作,另一类是哲学史著作。在这些作品中，最重要的，当然要数1988年发表的《存在与事件》，此书可以看作他的代表作，能够代表他的主要思想，同时这本书也最为抽象晦涩。

在这本书中，他提出这样一种观点，认为本体论是与数学相一致的，存在最终可以用数学中的"集合"理论来加以解释。不过，巴迪欧并不是说，存在就是数学，就是集合。存在与数学的同一性，所指涉的并非世界，而是关于世界的论述。数学在其历史的不同形式中，表达了"存在作为存在"。存在问题的悖论在于，提出问题的是哲学家，解决问题的却是数学家。这样一种数学本体论，其理论对手之一，当然是当时在欧陆哲学界流行的海德格尔。因为在海德格尔看来，数理科学根本不可能进入存在，而只能导致存在的遗忘。不过，在巴迪欧看来，迷恋于遮蔽、解蔽游戏的海德格尔，仍然是传统形而上学的忠实信徒，仍然忠实于"在场"、"出现"、"礼物"这样一些术语，仍然受制于德里达所说的"在场形而上学"。因此，海德格尔基于此在分析的生存本体论，其实是一种诗学，一种仍然醉心于时间空间上（尽管是存在论意义上的时间空间）的切近的拓扑学。就此而言，可以说巴迪欧倒是更接近胡塞尔。

哲学的源头在希腊,但不是那个诗意的希腊,而是作为科学和数学之源头的希腊。正是科学和数学的产生,以及二者的演绎特征,才最终规定了西方哲学的特征和西方思想的特征。因此,柏拉图学园所刻的"不识几何者不得入内"有着深远的意蕴,而数学与哲学之间,亦有着本质的关联。如果说柏拉图代表着古代哲学在演绎科学理想下的第一次起航,那么,随后哲学在亚里士多德的经验色彩以及基督教哲学的神学呓语之下,越来越迷失方向,直至笛卡尔的出现,哲学才重又回到了其康庄大道。因此,正是笛卡尔以及笛卡尔在数学上的推进,为现代哲学提供了坚实的基石,笛卡尔之后的哲学,包括唯理论和经验论,康德的批判哲学,都在这个基础上才得以前行。

巴迪欧的第二类作品,是他的政论时评,其代表作是《境况种种》(Circonstances)文集(已出至第5辑)。其中最有名的,当然是第4辑《萨科齐代表着什么?》,这本书也可能是他的著作中最为畅销的一本。如果说他的理论作品旁征博引,晦涩而严肃,那么他的政论则辛辣而尖刻，针砭时弊，入木三分，读来畅快淋漓，十分痛快。在这些作品中，他一方面深入揭示当代资本主义的黑暗和西方议会民主制的弊端，从哲学上深入分析其根源；另一方面，则同情第三世界，同情西方社会中的劳动阶级，并为共产主义的事业和理念进行辩护。

《萨科齐代表着什么？》这本书，首先分析了萨科齐为什么会当选。因为，他的当选，不只是他个人的当选，同时亦意味着他所代表并为之服务的某种事物的当选。在巴迪欧看来，在2007年选举之际，法国人普遍感受到某种畏惧。首先是对法国将会衰落的畏惧，因此许多法国人为这种衰落寻找原因，而首当其冲、充当替罪羊的，就是穷人、生活在法国的外国人等等。这种情绪，最显著地体现在极右的"国民阵线"候选人勒庞那里。在2002年的总统选举中，勒庞成功进入选举第二轮，将左派社会党的候选人雅斯潘排挤出局，成为当年轰动一时的政治事件。虽然在第二轮选举中，由于左派的社会党号召其支持者在投票时投给希拉克、反对勒庞，从而勒庞最终不敌希拉克，惨败收场，而希拉克则顺利连任。但是，勒庞事件仍然给整个法国社会和欧洲政坛以极大的冲击。因为勒庞是极右的民族主义者，在移民、劳工等问题上大做文章，主张限制移民，退出欧元区等极端措施，而这样一些主张，在法国民众中其实有着广泛的影响力。

在巴迪欧看来，萨科齐所代表的，是一种法国的贝当主义（pétainisme）。众所周知，贝当在二战期间，充当了与纳粹德国合作的维希政府的头目。巴迪欧所说的贝当主义，其核心在于把人民中的一小部分人，指定为罪恶的源头，从而对他们进行监视、控制、打压、排斥甚至驱逐、杀害。巴迪欧指出，早在贝当之前，贝当主义就已经在法国埋下了种子。在1815年波旁王朝复辟之际，贝当主义已经初见雏形。表面看来，贝当主义都是出现在混乱的危机之后，由一个相对强有力的人物，来维持一个反动的政府，以拯救法国，恢复人民的信心和道德。萨科齐说的，正是希望把法国从经济危机中拯救出来，挽救法国人民的信心，给法国人创造更多的工作机会。他说得漂亮，做得更绝。在行动方面，萨科齐所做的，就是打击弱者、穷人、外国人，从而留给法国人更多的饭碗。

在一次讲话中，萨科齐又提出一个说法，要告别1968。1968年的五月风暴，是在中国文化大革命的影响下，西方国家普遍出现的以青年学生为主的反抗政府、反抗体制的运动，尤其是巴黎的运动规模浩大，结果直接导致了戴高乐总统的下台。虽然事隔40年，1968在法国仍然是一个富有象征意义的符号，让人们回想起那段激情的岁月。而当年在1968年卷入五月风暴运动中的造反者，今天许多都已经成为法国政治文化经济界的精英人士，例如当年的学生领袖科恩邦迪（Daniel Cohn-Bendit）如今已经成为法国绿党的主要领导人之一。作为当年这一运动的积极参与者，作为一位仍然忠实于共产主义理想的知识分子，巴迪欧当然不能接受萨科齐的说法，因此直接把萨科齐称作"鼠辈"（l'homme aux rats）。

鼠辈是只能接受时代、接受命运而没办法建设时代的人。萨科齐把1968年的反叛，视作尼采式的"超善恶"；而在巴迪欧看来，恰恰相反，1968年对善与恶，朋友与敌人，有着清晰的界定。在1968年的造反分子们看来，恶，就是那些金融界和政界的寡头；而善，则是工人，革命战士。但萨科齐却无视这一切,将1968年参加学生运动的人视作一群无法无天、违法乱纪的暴徒。

巴迪欧深刻地指出,把人民中的一部分区分出来,加以排斥,或者在法国人与非法国人之间划一道界线,这是荒谬而且不人道的。因为我们"只有一个世界"。尽管许多人在鼓吹全球化,但这种全球化,还仅仅只是商品和资本的全球化,远不是真正的全球化。真正的全球化,是人的自由流动和自由生存的全球化。而当今的世界,远远不是在走向开放社会。柏林墙倒塌了,更多的隔离墙建起来了,在以色列和巴勒斯坦之间,在美国和墨西哥之间,甚至在意大利曾经有某位市长叫嚣着要在城市中心和郊区之间建一隔离墙,以便将市中心与聚居着移民和贫民的郊区隔离开来。

为什么移民在西方,尤其在法国,成为一个问题?这是令人奇怪的。因为如果大家真的相信和实践市场经济以及民主、平等、人权等原则,就应该把这些移民也视作同一个世界的人,只不过来自于不同区域。但是,因为大家总是把这些移民视作"从另一个世界来的人",于是问题就出来了。奇怪的是,钱到处都一样,美元欧元,全世界都在用,人人都在用。而一旦涉及到人,一旦出生地、生活方式、宗教信仰有所不同,就成了"另一个世界"了。在巴迪欧看来,这是非常荒谬的。

因此,为了解决问题,必须抛弃把人与人区分开来的成见,所有在法国工作和生活的外国人,不论是来自东欧、北非还是黑非洲、亚洲,都应该视作和自己一样的人,视作法国大家庭中的一员。更广泛意义上,所有人都是地球上的一员,都是人类大家庭的一员。如果法国真的尊重"自由、平等、博爱"的原则,就应该放开怀抱,把外来移民也视作同一个大家庭的一分子,一视同仁,而不是想方设法,用各种法律手段和行政手段,来进行限制。

从文学的角度来看,也许巴迪欧算不上是一个文学家,文学创作于他而言只是副业,兴之所至,偶然为之,不过他的文学创作却颇具特色。他的创作有小说和戏剧。他的第一部小说《观星台》发表于1964年,之后在1967年发表了《罗盘》,分别有副标题"反向旅途,1,2"。他原本计划写成"反向旅途"三部曲,第三部的名字已经取好,叫《动物志》。这三个书名,"观星台"、"罗盘"、"动物志",借用了法国伟大诗人圣琼佩斯(Saint-John Perse)的史诗《流放》中的三个标题。不过,可惜这个预告中的第三部就此没有下文,一直都没有出版。

不过,好在小说的三部曲没有完成,戏剧的三部曲倒是完成了。这就是巴迪欧的"阿赫默德三部曲":《细心的阿赫默德》、《哲人阿赫默德》、《发怒的阿赫默德》。为什么要取阿赫默德这个名字?这个阿尔及利亚式的名字?实际上,巴迪欧写道,阿赫默德也可以是一个黑人。"如果我是德国人,他就可能是土耳其人;如果我是比利时人,他就可能是摩洛哥人;如果我是希腊人,他可能来自阿尔巴尼亚;如果我是匈牙利人,他可能就是吉普赛人;如果我是英国人,他可能来自巴基斯坦;如果我在美国,他可能就来自墨西哥。不论怎样,他都是一个来自于'南方'的无产阶级,如今他在西方国家定居下来,却时不时受到侮辱和伤害。"不过,巴迪欧引用毛泽东的说法,"卑贱者最聪明"、"群众的眼睛是雪亮的",阿赫默德也是一个富有智慧、机智能干的无产阶级。巴迪欧沿用法国戏剧大师莫里哀的喜剧传统,在这三部曲中,表现的也是劳动人民通过智慧巧妙地战胜贵族和有钱佬的喜剧故事。

《爱的多重奏》一书，发表于2009年，是巴迪欧在2008年7月14日在阿维尼翁戏剧节与记者特吕翁所作的一次访谈的文字稿。巴迪欧接受访谈时71岁，可以说这是他晚年思想成熟期的作品。虽然篇幅较小，但其中不乏深刻的洞见。法文书名Eloge de l'amour，正好与法国著名导演戈达尔（Jean-Luc Godard）的一部作品同名，当然，内容上与这部电影并没有什么直接的关联，虽然书中也简单地提到了这位导演。法文书名意思是非常清晰的，但译成中文，却让译者思考良久。

首先是"爱"（amour）一词，此词又可译作"爱情"。在中文语境中，"爱情"与"爱"是有着明显区分的，前者通常指男女之间的情爱，而后者，则可以泛指对爱人、亲人、朋友甚至天地万物的喜爱。书中的amour一词，多半在前一个意义上用，但也有很多时候，超出了男女之爱，如爱上帝，再比如作者谈到了他对戏剧的热爱。因此，本人考虑再三，还是决定用"爱"来译amour一词。而在正文中，则一般都译作爱，但有时根据上下文，译作爱情。在进行此书翻译的同时，本人深感中国与西方在爱、爱情观念上有着根本性的差异。另外，éloge一词，有"颂歌、赞词，赞美词"等意思，常见于著作和诗文的题目，如梅洛庞蒂的名著《哲学赞词》，荷兰人文主义大师伊拉斯谟的名作《愚人颂》（Eloge de la folie）。本人原先将书名译作《爱之颂》，但仍然觉得有所不足。后来，考虑再三，决定译作《爱的多重奏》。一方面，"多重奏"作为音乐，亦有歌颂赞美之意；另一方面，这篇谈话不是一个爱的独奏曲，而是爱穿梭在不同形态、不同时代的多重变奏以及爱与政治、艺术、哲学的多重交响。

在巴迪欧的哲学中，爱有着重要的地位。正如本书"引言"中所说的，哲学家，同时应该是学者、艺术家、战士、爱者。在巴迪欧看来，哲学远远没有像海德格尔所说的那样已经终结，而是哲学已经开始，并且永远没有终结。但是，哲学存在一些特殊的条件，巴迪欧将其归结为四大条件：科学（数学）、诗歌（艺术）、政治、爱。

对于哲学家而言，爱是重要的。对于普通人而言，更是如此。很少人会因为没有哲学而烦恼，但许多人都会因为爱而痛苦。不过，在巴迪欧看来，在当今世界，爱却越来越多地受到威胁。一种威胁，是在安全的名义下，通过各种理性的算计，把爱排除在偶然性之外。而另一种威胁，则是放任自己，把爱简单地视作性欲的释放，以玩世不恭、游戏人生的态度来对待爱情。

除此之外，还有两种爱情观也值得批判，一种是浪漫主义的爱情观，这也许是当今世界最为流行的爱情观，所有电视剧和电影反复宣传和传播。在这种观念中，爱情被简化为浪漫的邂逅，轰轰烈烈地爱过一场之后，其结局要么是分开、要么是死亡、要么是结婚。在巴迪欧看来，这种爱情虽然"看上去很美"，其实经不起考验，远远未能领悟爱的真谛。真正的爱是持续多年的相濡以沫，是快乐与痛苦交织的共同生活，是彼此改变对方、适应对方的艰难磨合。浪漫的相遇只是开始，真正的考验却在后面，日久见人心，患难见真情。"霜叶红于二月花"，人们对于白头偕老的赞赏，可以说是对巴迪欧的这种观点的赞同。

另一种是怀疑主义的爱情观，总有些人自以为洞明世事、看透红尘，在他们眼中，爱情不过是算计，要么是为了追求利益，要么是为了满足欲望，所谓爱情不过是为了满足人的私欲的漂亮借口。对此，巴迪欧还是苦口婆心地告诉我们，人间自有真情在，并且拈出自己的爱情故事来现身说法，以证自己所言不谬。

巴迪欧说，爱是一种产生真理的程序，读者读到此处，怕是未免有些迷糊。在此，译者根据自己的理解，对此简单解释一二。

每个人，都可以说有自己的一套经验世界的方式，有自己的一套认识世界真理的方式。在此，就可以说，我有一种经验真理的模式。而现在我遇到另一个人，她也有她的经验真理的模式。然而，并没有一个第三者，可以具有比我们二人更高的理性，可以说我和她谁对谁错。这时，我有我的路，我有我的真理；她有她的路，她有她的真理。两人互不相干。但是，另一方面，只有一个人类。但是，有一天，我们相遇，相知，相爱，于是一切都不一样了。我们形成了共同的经验世界真理的方式，经验到了唯一的人类的真理。于是这就是爱。所以，在巴迪欧这里，爱是相互差异的两个个体形成的一个"两"。但这个"两"并不会融合为"一"，而是永远在不断差异又不断靠近。正是这种差异性的存在，使得双方有可能各行各路，越走越远，也有可能彼此间的差异变成不可化解的矛盾，最终在争吵中完全分裂，所以忠诚才成为必需，需要通过这种忠诚，不断保持对对方的关注和靠近，从而保证差异性的同时，亦保证这种差异性可以形成为一个"两"。正因为这样，保持这种忠诚需要双方都付出努力，有时往往是极其艰难的努力和付出，正如流行歌曲所唱的"爱一个人好难"。因此，爱首先就是对这种不断变化的差异性的真理的体验。

但是，巴迪欧反对引入神学观念，在神学观念中，爱最终变成了爱上帝，在上帝的同一性之中，个体的差异性最终消失了。

因为爱需要忠诚，需要将两个始终差异着的个体通过不断更新的努力维持在"两"之中。所以，这种忠诚需要不断地宣言。正因为这样，恋人们总是喜欢要求对方一再地说"我爱你"，即使已经有过无数遍的海誓山盟。

巴迪欧在这本书中，还将时间性、永恒与爱的问题联系在一起。"不求天长地久，只要曾经拥有"，这句话原本也许只是一些被迫分开的恋人为了安慰对方避免伤心过度而说，但在某些人那里，却成为游戏人生、玩弄感情的常用托辞。有的人今天爱这个，明天爱那个，每一次都可以脱口而出说"我爱你"。巴迪欧深刻地指出，"我爱你"这一爱的宣言本身，已经有对某种永恒的承诺。"我爱你"是一种宣言，从个体而言，是要将生命中的一段偶然（与他或她相遇）变成必然，变成命运。所以，每一句"我爱你"，其实是在说"我会永远爱你"。实际上，爱的宣言意味着，从此在偶然的相遇出发，去追求和抵达永恒，把瞬间变作永恒。这种永恒不是无机物质不断重复的永恒，不是神学意义上的、最终归根于上帝的远在彼岸世界的永恒，这种爱的永恒乃是生命本身的诗意的创造的永恒，是在此岸世界一种灵性生活的永恒。

在巴迪欧看来，在爱的各个环节之中，西方的文学作品往往关注的只是两个人的相遇，这常常是一段浪漫的传奇。无数的童话故事，结尾都是男女主角结婚了，过上了幸福的生活，但这幸福的生活是什么样的，却没有下文了。所以这一类作品，都可以冠名为"爱的胜利"，胜利之后的情形如何，则鲜有人提。

巴迪欧特别重视爱的持续这一维度，在这个意义上，他看到了贝克特的特别意义，因为贝克特的戏剧，大量地展现了这种"两"的场景如何在具体的生活中艰难地持续，尽管带有浓重的悲观主义色彩。在巴迪欧看来，贝克特的戏剧在生命的困境之中，体现了爱的艰难，但同时也体现了爱和生命顽强不息的创造。

作为一位仍然信奉马克思主义的思想家，巴迪欧批判的是西方流行的爱的观念，而这套流行观念的背后，正是他所批判和反对的资本主义体制。同时，关于爱的观念，他又坚持某种理想主义，而这背后也是他所持的一套哲学观和关于更美好的理想社会的设想。而对于包括译者本人在内的读者来说，至少我们可以相信，在流行的爱的观念之外，另外一种爱的观念是可能的，为此我们需要不断地创造爱。

引　言

哲学家在生活中与其他人并没有什么不同，因此对于哲学家而言，回想起生活中的数不清的情景是至关重要的。如果他忘记了这一点，传统戏剧，尤其是喜剧，就会将他拉回到这些记忆之中。实际上，当哲学家出场之际，他已经是精心定义的典型人物，我们可以看到，他拥有斯多亚派的全部智慧，对于七情六欲有着推理严密的怀疑，但是一旦见到心中佳人魅力四射地走入厅堂，他就意乱情迷，那些智慧全都烟消云散。

无论在生活还是在思想中，长期以来，我总是走在前面。我认为，哲学家（这个词虽然是阳性名词，但应作中性词来理解，因为女哲学家也为数不少）毫无疑问应该成为一位警醒的科学家，一位诗歌爱好者，一位政治斗士，同时还意味着，他的思想永远都伴随着轰轰烈烈、九曲回肠、充满波折的爱。学者，艺术家，战士，爱者，这就是哲学家所要求的角色。我称之为哲学的四个条件。

因此，当尼古拉·特吕翁（Nicolas Truong）①邀请我，在阿维尼翁戏剧节的"观念剧"系列之中，做一次以"爱"为主题的公开谈话节目，我立刻给予肯定的答复。混合着戏剧、人群和对话，混合着爱与哲学，这种混合令人心醉、让人着迷。而且那天又是7月14日，法国国庆节，更令我感到欣喜：爱，这种普世的力量，暧昧而又性感，超越国界与社会阶层，而在这一天，人们在广场和大街上举行庆典，庆贺我们的军队、民族和国家。

我不妨自卖自夸一下：尼古拉提出问题，而我呢，则扮演关于"爱"的哲学家的模糊角色，我们获得了成

---

① 译注：尼古拉·特吕翁，1967年生，著名记者。曾长期担任《哲学》杂志的编辑。2004年起，每年主持阿维尼翁戏剧节中的"观念剧"系列。

功。毫不犹疑地讲：相当可观的成功。

弗拉马里翁（Flammarion）出版社对此作出了很好的回应，首先是以声音的形式（一张现场录制的CD），接着是出版了这本书。亲爱的读者，您将要读到的文本，正是对那天谈话的重新展开。文本仍然保留着对话时的清晰、冲力以及即兴的节奏，但也更为完整、深入。

我相信，这本书从头到尾，正如其书名所言：是由一名哲学家所作的、关于爱这一主题的一首颂歌，这位哲学家，如同柏拉图一样，认为"谁若不从爱开始，也将无法理解什么是哲学（爱智慧）"。因此，正是哲学家和爱者阿兰·巴迪欧，回答了这些问题，而提问的特吕翁，同样也是一位哲学家，更是一位爱者。

1

备受威胁的爱

在您最近出版的、备受关注的《萨科齐代表着什么？》一书中，您提出"爱应该不断重新创造，而且应该得到捍卫，因为爱正受到方方面面的多种威胁"。爱受到何种威胁？在您看来，在何种意义上，古代那种"父母之命，媒妁之言"的婚姻，如今改头换面有了新的形态？我想，最近有一个交友网站的广告，可能让您深有感触……

曾有段时期，在巴黎的街头巷尾，到处张贴着"蜜糖网"（Meetic）^①的广告，这些广告词引人注目，更发人深思。让我引用一下这个网站在宣传时用过的几句口号。第一句是这样的："无需风险，您将拥有爱情"（来自于对一出著名戏剧中的对白的改写）^②。还有一句口号："无需坠入爱河，亦可相爱"。再来一句："无需心痛，完美相爱"。而这一切，都因为有了蜜糖网站，就给您提供了某种"爱情陪同教练"——我觉得这是个特别棒的表达。因此，您将获得一个教练，帮助您准备迎接各种考验。我觉得，这样一种广告宣传，恰恰揭示了某种关于"安全的爱情"的概念。

这是一种对各种风险都下了保险的爱情：通过在网上漫游，您将拥有爱情，而且如果您精确地算计着您的生意，您也精确地预先筛选您的伴侣——您有他（她）的相片、兴趣爱好、出生年月、星座，等等。在通过网络多次联络和接触之后，于是您决定："就这个了，和

---

① 译注：www.meetic.fr 是法国著名的交友和婚恋网站。
② 译注：指法国剧作家马里沃（Marivaux）1730 年上演的剧作《爱情偶遇游戏》（*Le jeu de l'amour et du hasard*）。此作有中译本，宁春译，2006 年中国传媒大学出版社出版。2005 年 4 月，中文版话剧在北京朝阳文化馆演出。

他(她)在一起应该不会有风险!"当然这是一种宣传,广告在这个层面进行,我觉得很有意思,值得关注。不过,显然,我相信,爱情,作为一种大家共同的兴趣,作为对于每个人而言赋予生命以强度和意义的东西,我认为,爱情不可能是在完全没有风险的情况下赠予生命的礼物。这种无风险的爱情,在我看来,有点类似于美军在最近几次战争中所宣传的"零死亡"。

因此,在您看来,在"零死亡"的战争与"零风险"的爱情二者之间,有着某种关联,如同对于社会学家桑内特(Richard Sennett)和鲍曼(Zygmunt Bauman)[①]而言,在金融资本主义寡头对脆弱的劳动工人所说的"我不能向你保证"和恋爱者对他(她)的伴侣所说的"我不能保证自己"之间亦有着某种相似性,因为恋爱者已经从一个社会关系不断形成和破裂的世界之中脱离出来,以便享受一种保温瓶式的、消费主义的纵情声色和放荡不

---

① 译注:桑内特(1943—),美国社会学家、历史学家,任教于纽约大学和伦敦经济学院。鲍曼(1925—),波兰裔英国社会学家,任教于英国利兹大学。

羁。您是否同意这种类比?

所有这些,差不多是同一回事。"零死亡"的战争,"零风险"的、没有偶然和邂逅的爱情,这样的观念,再借助广告宣传,从这里我们看到了对爱情的第一个威胁,我称作"安全性的威胁"。无论如何,这其实也近似于被安排的婚姻。说这种婚姻是被安排的,不是因为出自于专制的父母的命令,而是出自于个人安全的名义,通过事先的安排以避免一切风险、一切邂逅,从而最终在没有风险的名义下,也失去了生命的诗意。压在爱情之上的第二个威胁,在于否认爱情的重要性。这种安全的爱情的对立面,在于认为爱情只是一般意义上的享乐主义的一个变化形式,是享乐的一种形态。这样,就避开了对构成爱情的相异性作任何直接的经历、作任何真正的深刻的体验。

我们还应该补充一点,就是对于蜜糖网所宣传的"零风险"的爱情而言,风险从来都不曾真正地消失,正如同帝国主义军队所做的那样,风险一直都存在,只不过,这些风险将是他人的风险!如果您根据现代的安全准则,作好了准备,邀请一位她一起去散步,然后发现她并不合您的意。如果她痛苦,那是她的事,不是么?谁叫她没有进入这种现代性?同样,零死亡,这也只是对西方的士兵而言。他们所倾泻的炸弹,杀了成千上万的人,这些人的错误就在于生活在炸弹的下方。这些人是谁,是阿富汗人,巴勒斯坦人……因此,谁叫他们还不是现代人。"安全的"爱情,其规则就是安全,对于那些买了好的保险,有好的军队,有好的警察,有好的个人享乐心理的人,这种爱情将是"无风险"的;而对于他们的对立面,没有上述这一切的人,则是"所有的风险"。您也许已经注意到,不管在哪里,都有人向您解释说,一切皆是为了"您的安全与舒适",不管是人行道上突然出现的大窟窿,还是火车站里荷枪实弹、凶神恶煞的警察。从根本上来说,我们面临爱情的两大敌人:保险合同的安全,有限享乐的舒适。

因此,在享乐主义与自由主义的两种爱情观念之间,是否有着某种结盟的关系?

实际上，我觉得，自由主义者和享乐主义者都同意这样的观念，即爱情是一种没有用处的冒险。于是，人们就可以一方面，在消费的温情脉脉之中准备某种配偶关系；另一方面，在节省和避免激情的同时，合理地安排充满愉悦和享受的性关系。从这一观点来看，我确实认为，在这样一个世界之中，爱已经陷入重重包围之中，饱受压抑和威胁。

我相信，捍卫爱，这也是哲学的一个任务。也许，正如诗人兰波所说的，爱需要重新创造。通过简单的保持所得到的，不只是一种防卫。实际上，世界充满了新奇，爱情应该在这种新奇之中来加以领会。必须重新创造爱的历险和传奇，反对安全和舒适。

2

哲学家与爱情

正是从兰波那里,您借用了"爱就是去不断地重新创造"的表述,在您自己关于爱的设想中,您也多次借助于诗人和作家的论述。不过,在谈论这些之前,也许有必要先向哲学家们提问。然而,您曾经讶异于如下的事实,哲学家之中很少有人曾经严肃地追问过爱。当然,即使他们追问爱,也与您所持的观点大相径庭。这是出于何种原因?

确实,哲学家与爱之关系,是相当复杂的。奥德·兰瑟琳(Aude Lancelin)和玛丽·勒莫尼耶(Marie Lemonnier)

两人合著了一本《哲学家与爱：从苏格拉底到西蒙娜·德·波伏娃》(*Les philosophes et l'amour. Aimer, de Socrate à Simone de Beauvoir*)，这本书很好地展现了这一复杂的关系。由于作者把对哲学学说的检讨和对哲学家个人生活的考察结合在一起，且毫不庸俗和哗众取宠，故而读起来还是颇为有趣。在这个意义上，这本书可以说是史无前例的。

这本书明确地揭示出，哲学总是在两种关于爱的极端看法之间摇摆不定，虽然在两个极端之间也有不少持中的看法。一方面，是一些对爱持否定态度的哲学家，例如叔本华，他是这类人中一致公认的代表人物。叔本华解释说，他永远都无法谅解，女人居然对爱有着如此多的激情，从而使得人类得以延续下去，然而这样的人类却是毫无意义的。这当然是一种极端的说法。然而，也有另一个极端，您也可以看到，有些哲学家把爱视作主体体验的最高阶段。例如索伦·基尔克果（Soren Kierkegaard）[①]，他就属于这种情况。

---

① 译注：基尔克果，国内又译作克尔凯郭尔、克尔凯戈尔、齐克果等，丹麦哲学家，被认为是存在主义哲学的先驱之一。

对于基尔克果而言，生存有三个阶段。在美学阶段，爱的经验是诱惑与反复的体验。享乐的唯我主义赋予主体以活力，莫扎特笔下的唐璜就是这样一种原型。在伦理阶段，爱是一种真正的爱，一种严肃体验之爱。这是一种永远的介入，朝向绝对，基尔克果本人在其与未婚妻雷吉娜的长跑恋爱中，体验着这种严肃的爱。伦理阶段是一个朝向最高阶段的过渡阶段，最高阶段即宗教阶段，由于婚姻，上述这种介入的绝对价值才被认同。于是，婚姻不是被视作为对抗变幻不定的爱情而进行的社会关系的强化，而是被视作可以把真正的爱转向其本真的使命。"透过明见的自我，自我进入到那设定自我的力量之中"，就有可能完成这种爱的最终转换，也就是说：借助于爱的经验，自我扎根到其根源之中，而其根源只能是神。于是，爱就超越了诱惑，在严肃的婚姻这一中介形式中，找到了一种方式从而进入高于人的意义。

正如您所见到的，哲学处在一种极大的冲突之中。一方面，把爱视作性欲的荒谬表现，因而从理性出发加以置疑。另一方面，是对爱所作的辩护，但这种爱又与宗教冲动极为接近。再加上基督教的背景，基督教可以说是爱的宗教。请注意,这种冲突可以说是无法化解的。正因为这样,基尔克果无法承受与雷吉娜结婚的观念,从而与之分手。最终,他所具体呈现的,有第一阶段的美学的诱惑者,第二阶段的伦理承诺,以及通过严肃的婚姻来抵达第三阶段的过渡,但这一过渡在他那里却归于失败。总的说来,可以说基尔克果体现了关于爱的哲学反思的几乎所有的形态。

您对这个问题感兴趣,是不是源自于柏拉图,柏拉图把爱视作进入理念的一种方式?

柏拉图对爱的论述相当精确:在爱的冲动之中,有着共相(普遍)的某种萌芽。爱的体验是一种冲动,朝向被柏拉图称作理念的东西。于是,即便我只是简单地爱慕某个美的身体,无论我是否意愿,我都已然置身于朝向美的观念之途。用另一种完全不同却较为自然的话来说,我认为在爱之中有某种与之类似的东西,有着某种过渡的经验,从而可以由纯粹的偶然的个别性过渡到某种具备普遍价值的因素。作为起点的某种东西,就其自身而言，只是某种相遇，几乎算不了什么，但由相遇中的相异性而非相同性出发，人们可以经验到一个世界。甚至，人们为此接受考验，为此承受痛苦。然而，在今日世界，广泛传播的信念却是每个人只需关注自己的利益。于是爱就成为一个反向的考验。只有当爱情不被设想为彼此间利益的互换，也不被换算成为最终可获收益的长线投资，这样的爱情才真正算得是相信偶然。爱让我们在反复磨砺中体验到某种基本经验，这种经验即差异，从而让我们以差异的观点来体验世界。就此而言，爱有着普遍的意义，是一种关于普遍性的可能的个体经验，就哲学而言这是本质性的，正如柏拉图对此所曾经具有的第一直观。

在与柏拉图对话的同时，心理分析学家雅克·拉康在您眼中亦是关于爱的理论大师之一，他主张"性关系根本不存在"。这句话意味着什么？

这是一个很有趣的说法，出自于一种怀疑论的、道德观察家的观点，但却抵达了相反的结论。拉康向我们指出，在性爱中，每个个体基本上只是在与自己打交道。当然，这其中会有他人身体的介入，但最终仍然是自己的享乐。性并不使人成双成对，而是使之分离。当您赤身裸体与他（她）贴身相对，这其实只是一种图像，一种想像的表象。实在，却只是快感把您带向远处，远离他人。实在是自恋式的，其关系是想像的。因此，拉康断言，性关系不存在。

这样一个表述，当然是有些骇人听闻，因为在我们这个时代，几乎人人都在说"性关系"。如果在性之中没有性关系，那么爱就是用来填补这种性关系的缺乏。不过，拉康并没有说，爱就是性关系的伪装，而是说性关系根本不存在，而爱就是用来补充这种不存在。这一点非常有意思。这个观点就是说，在爱之中，主体尝试着进入"他者的存在"。正是在爱之中，主体将超越自身，超越自恋。在性之中，最终，仍然只不过是以他人为媒介与自身发生关系。他人只是用来揭示实在的快感。在爱之中，相反，他者的媒介是为了他者自身。正是这一点，体现了爱的相遇：您跃入他者的处境，从而与他人共同生存。这是一种相当深刻的观点，而庸俗的看法，往往是把爱视作一种基于实在的性之上的想像的画面。

实际上，关于爱，拉康自己也处在某种模棱两可的哲学之中。"爱是性关系缺乏的替补"这种说法，可以从两种方式来理解。

第一种，较平庸的一种理解，就是爱是在缺乏性时的一种想像中的补充。确实，性，无论多么精彩，一旦结束就会进入某种虚无。正因为这样，性受制于某种重复性的法则：必须不断地重新开始。当年纪轻轻、血气方刚之时，日日乐此不疲。在这种空虚之中却仍然保留有某种东西，而对于相爱的人而言，即使在性关系不存在时仍然有某种东西使之紧密相联，爱情似乎是这样一种观念。在很年轻的时候，我读到西蒙娜·德·波伏娃《第二性》中的一个段落，感到震惊和厌恶。她描述了，在性行为之后，男人往往会有这样一种感受，觉得女性的身体是乏味的、萎靡的；而相应的，女性的感受则是觉得男性的身体是丑陋的、可笑的。在剧院里，滑稽剧和轻喜剧，往往不断地使用这一类可悲的想法来引人发笑。男人的欲望，也就是喜剧性的阳具的欲望，大腹便便、虚弱无力，而胸部萎缩、牙齿掉光的老女人形象则是一切美人的宿命。当相爱的人，彼此躺在对方的怀中，爱的温柔，在此际就如同挪亚的大衣①，覆盖在这些令人不安的想法之上。

不过，拉康的想法却与此相反，也就是说，爱有着某种可称之为本体论的维度。于是，欲望总是朝向他人，以某种盲目崇拜的方式，朝向某些特殊的对象，好比胸部、臀部等等。爱总是朝向他人的存在，他人带着他（她）的全部存在，在我的生命中出现，我的生命于是就此暂时中断从而重新开始。

总之，在您看来，关于爱，有着许多相互矛盾的概念。

我从中区分出三个主要的观念。首先，是浪漫主义的观念，基于相遇时的喜悦。其次，正如我们关于"蜜糖网"所说的，一种商业的、法律的观念，在这种观念中爱变成了一种契约。两个自由个体之间的契约，这两个个体宣称他们相爱，但同时亦不忽视相互的平等关系，

---

① 译注：挪亚醉酒后，裸身而睡，其子见之，以大衣覆其上，以蔽其丑，事见《旧约》之《创世记》。

以及相互的利益关系等等。此外，还有一种怀疑主义的观念，认为爱情不过是幻影。

而我在我自己的哲学中尝试说明的，在于爱不可以被归结为上述的任何一种观念，爱是一种真理的建构。您可能要问，关于什么的真理？在一个特别的意义上的真理，也就是说：当他从"两"而不是从"一"出发来体验世界时，所体验的世界是怎样的？从差异性而不是从同一性出发时，人们所体验到的、所实践和生活着的世界到底是怎样的？我认为，爱就体现在此处。自然而然，这个爱的计划，包括了性欲和性体验，也包括了孩子的出生，以及成千上万的其他事情，但无论如何，都意味着从某一时刻开始，从差异的观点来体验生活、体验世界。

既然在您看来，爱是一种从差异性出发的经验世界的方式，您是否也分享了当代著名哲学家列维纳斯（Emmanuel Levinas）的观点，爱者在被爱的人那里，"所爱的并不是不同于其他一切品质的品质,而是他人那里的差异性本身"？为何对您而言，爱不是一种关于他人的经验？

我认为,从差异性出发来建构世界与差异性的经验,二者是两码事。列维纳斯的观点,其出发点乃是他人的脸的不可还原性,是一种神的降临,其支持点,当然是作为"绝对他者"的神。处于核心的,乃是一种相异性(altérité)的经验,这种经验成为伦理学的奠基石。由此推论出,在一个宏大的宗教传统之中,爱成为最完美的伦理情感。不过,在我看来,在爱之中,谈不上有什么特别"伦理"的东西。

说真的,我很不喜欢这种从爱出发所作的神学反刍,即使我知道这种神学反刍在历史之中曾经有过重大的效果。我在这种神学反刍之中,看到的仍然是"一反对两"(l'Un contre le Deux)的最后的报复。确实,对我来说,有着与他人的相遇,但这种相遇还不是一种经验,而只是一个事件,这个事件仍然是晦暗不明的,只有在实在世界内部的多种形式的后果之中才能取得其现实性。

我也完全不赞同把爱视作一种"自我牺牲"的经验,也就是说一种专门利人、毫不利己的经验,这种模式最终还是令我联想到绝对他者。在《浮士德》的结尾,歌德说道:"永远的女性,把我们带向高处"。请原谅我,正是这样一种表述,让我觉得略有淫秽。爱并不把我们引向高处,也并不把我们带向低处。它是一个生存命题:以一种非中心化的观点来建构一个世界,而不是仅仅为了我的生命冲动或者我的利益。

在我这里,"建构"(construction)与"体验"(expérience)是对立的。好比,在山村中,某个宁静的傍晚,把手轻搭在爱人肩上,看夕阳西下即将隐入远处的山峦,树影婆娑,草地宛如镀金,归圈的牛羊成群结队;我知道我的爱人亦在静观这一切,静观同一个世界,要知道这一点,无需看她的脸,无需言语,因为此时此地,两人都已溶入同一世界之中。当此际,爱就是这种悖论,这种同一的差异性和差异的同一性;当此际,爱存在着。她和我,我们一同溶入这唯一的主体(unique Sujet),这爱的主体。透过我们之间的差异性,世界朝向我们展开,世界来临、世界诞生,而不再只是填满我的视线。于是,爱一直是一种可能性,一种参与到世界之诞生的可能性。孩子的出生,如果这个孩子是爱情的结晶,那么孩子的出生正是这种可能性的一个精彩例证。

3

爱的建构

现在让我们谈谈您自己关于爱所持的观念。刚才我们谈到,兰波说要重新创造爱,那么,从何种思想出发,我们可以说重新创造爱?

我认为,首先必须从两种观点出发来谈爱,这两种观点对应于每个人的经验。

首先,爱情处理的是一种分离(séparation),一种分散(disjonction),这种分散可以是两个人之间的简单差异,并且带有两人的无限差异。这种分散在大多数情况下,是一种性别差异。当然,有时并不属于这种情况,仍然有可能产生爱情,这时两人面对的是两个不同的形象,不同的生命姿态。或者说,在爱中,我们具有的第一个因素,是一种分离,一种分散,一种差异。从而人们将因此获得一个"两"(Deux)。爱,处理的首先是这个"两"。

其次,正是因为爱所处理的是一种分散,在这个"两"开始出现、进入情景之际,以一种新的方式体验世界,这种进入往往是采取一种偶然的方式。这就是我们所说的相遇。爱是在某种相遇中开始的。这种相遇,我以一种形而上学的方式,赋予一种事件的地位,也就是说无法进入事物的直接规则的某种事物。在文学和艺术中,有数不清的例子,表现的都是这种相遇。许多故事和小说,也经常表现下列这种情况,即相爱的两个人,不属于同一阶层,也不属于同一部族或同一国家。好比莎士比亚的《罗密欧与朱丽叶》,显然就是这样一种分散的譬喻,因为男女主角分别属于敌对的两个家庭。爱的对角线,是一个重要的因素,爱的双方往往是处在最强烈的对比或者最彻底的分离的双方。在相互差异的两个个体之间的相遇,是一个事件,一种偶然的、令人惊奇的事件,是"爱的惊喜",充满着戏剧性。从这样一个事件出发，爱情开始了。这是首要的也是基本的一点。这种惊喜开始了一个过程，这个过程是对世界的体验。爱，不再简单的只是相遇和两个个体之间的封闭关系，而是一种建构，一种生成着的生命；但这种建构和生命，都不再是从"一"而是从"两"的观点来看。这就是我所说的"两的场景"。就我个人而言，一直以来，我更感兴趣的是爱的持续和过程的问题，而不仅仅只是爱如何开始的问题。

在您看来，爱不能被简化为相遇，而是应该在持续中实现。出于何种理由，您抛弃了关于彼此交融的爱的观念？

我认为，有一种浪漫主义的爱情观，现在仍然十分流行。一定程度上，这种爱情观把爱视作相遇。也就是说，在相遇中，在某个具有魔术般的神奇外表的特殊时刻，爱被点燃、被消费、被耗尽。在这之中确实可能发生了什么，可以称作奇迹，让人感受到生存的强度，感受到一种彼此交融的相遇。但是，当事情这样发生之际，我们所经历的并不是"两的情境",而是"一的情境"。这是彼此交融的爱的观念:两个人偶然邂逅,其中某人的英雄主义一般的情结在世界中发生了。有人注意到,在浪漫主义的神话中,这种交融往往会通向死亡。在爱与死之间,有着某种内在而深刻的联系,其巅峰毫无疑问就体现在理查·瓦格纳(Richard Wagner)的《特里斯丹与伊瑟》,因为在相遇的特殊时刻,爱已经耗尽,而在此之后两个人却再也无法返回到先前的外在于相爱关系的世界之中。

这样一种极端的浪漫主义的观念,我认为必须加以抛弃。这种爱情当然有着特别的艺术美,但是,在我看来,对于生存而言却是一个沉重的妨害。我认为,必须将这种爱视作一种艺术化的神话,而不是视作一种关于爱的真正的哲学。因为,无论如何,爱首先是在世界之中发生的。爱是一个事件,无法依据世界的法则加以预计或者计算。没有人,也没有什么能够提前安排相遇——甚至"蜜糖网"也不能,哪怕在经历了很长时间的网上聊天之后——因为,最终,在两人彼此互相遇见的那一刻,是无法还原的。

但是爱也不能被简化为相遇,因为爱首先是一种建构。爱的思想的秘密,就在于这种最终完成"爱"所经历的绵延岁月。就根本来说,最令人感兴趣的点,不在于如何开始的问题。当然,必须有一个开始;但是,爱,首先是一种持之以恒的建构。我们说,爱是一种坚持到底的冒险。冒险的方面是必然的,但坚持到底亦是必须的。相遇仅仅解除了最初的障碍,最初的分歧,最初的敌人;若将爱理解为相遇,是对爱的扭曲。一种真正的爱,是一种持之以恒的胜利,不断地跨越空间、时间、世界所造成的障碍。

这种建构的性质到底是怎样的呢?

在童话故事中,人们所说的总是无关宏旨。在童话中,人们总是说:"他们结婚了,生了许多小孩"。是的,那么,爱是不是就是结婚?爱,是不是就在于生许多小孩?这种陈词滥调的解释显然是苍白无力的。一起创造一个家庭,从而实现并完成了爱,这种观念也不能令人感到满意。并不是因为家庭不是爱的一部分——我坚持这一点，虽然说家庭也是爱的一部分——但是我们不能把爱简化为家庭。必须要理解，为什么一个孩子的诞生成为爱的一部分，但是又不能说，爱的实现就在于生小孩。实际上，在爱中令我感兴趣的是爱的持续的问题。确切说来，通过"持续"，不应该仅仅理解为爱在持续，或者两人始终相爱，永远相爱。必须理解为，爱在生命中发明了另一种不同的持续的方式。在爱的体验中，每一个人的存在，都将面对一种全新的时间性。当然，用诗人的话来讲，爱也是一种"艰难地想要持之以恒的欲望"。但是，更进一步而言，爱是一种不知名的持续的欲望。因为，所有人都知道，爱是一种生命的重新创造。重新创造爱，就是这种不断的重新创造。

在您的著作《条件种种》中，针对某些阴暗的爱情观，特别是把爱的情感视作幻象的观念，您进行了深入的批判。这种阴暗的爱情观尤其体现在法国道德观察家的悲观主义传统，在他们看来，爱情只是"煞有介事的装饰，用来掩饰性的实质"，他们认为"性的嫉妒和欲望，是爱情的基础"。为何您对此种观念加以批判？

这种道德观察家的观念，属于怀疑论的传统。这种哲学认为，真正说来，爱是不存在的，所谓爱不过是欲望的外衣。唯一存在的，不过是欲望。据此看法，爱只是基于性欲之上的想像的建构。这种观念当然有很长的历史，也让许多人因此而蔑视爱。这也属于追求安全的层次，因为这种观念实际上是在说："听着，如果您有性欲，那就实现它。但是，您不需要因此就胡思乱想，认为必须爱上某个人。把那些不切实际的想法全都抛开，直奔目的！"但是，在这种情况下，简单说来，在性的现实的名义下，爱已经贬值了——或者说，爱被解构了。

就这一点而言，我想谈谈我自己的生活经验。和所有人一样，我也知道和相信性欲的力量。即使是现在，我的年龄①还没有使我完全忘却。我也知道，爱在其变化之中实现了这种性欲。这一点很重要。因为正如一切很古老的文学所说的，性欲的完成是作为一种罕见的物质体验进行的，完全与身体相关；而爱是另一种东西，是一种"宣言"。"我爱你"这一类型的宣言，给相遇事

---

① 译注：巴迪欧在做此次谈话时，已有71岁高龄（1937年生）。

件打上烙印,这是基本的,是一种保证。面对另一个人,宽衣解带、裸身相对,把身体交付给他(她),完成一些自古以来的动作,把廉耻之心暂且放下,所有这些与身体相关的场景,所证实的正是完全托付给爱。

同样,这里有一种与友情相比的根本差异。友情不需要身体的体验,不需要在身体的享受中的回响。这就是为什么友情是一种最为理智的情感,那些对激情持蔑视态度的哲学家大都会转而赞赏友情。不过,爱情,在其持续中,有着友情的一切正面特征。但是,爱情是朝向他人的存在之整体,而托付身体是这种整体的物质象征。有人说:"不!欲望,唯有欲望在其中。"

我支持的观点是,在宣布出来的爱情因素中,正是这种宣言,哪怕是隐藏的宣言,产生了欲望的效果,而不是直接产生欲望。爱就意味着爱的体验包含着欲望。身体的仪式,只是语言的物质抵押品,通过这种身体仪式传递的是这样的理念,关于一种美好的新生活的承诺将会实现。但是,处在疯狂热恋中的爱人们都知道,爱就在此处,如同一位守护着身体的天使,当清晨醒来之际,两人的身体都聆听到爱的宣言,感受到一种莫名的清静。这就是为什么,爱情不能被视作性欲的外衣,也不能被视作一种复杂而虚幻的诡计,其目的仅仅为了生儿育女、传宗接代。

4

爱之真理

您前面提到，柏拉图早已经发现了在爱与真理之间有着特殊的联系。不过，在您看来，爱是一个"通向真理的步骤"，这到底意味着什么？

我所主张的是这样的，在我的哲学术语中，我把爱称做"通向真理的步骤"，也就是说一种体验，在这种体验中某种类型的真理被建构起来。这种真理简单说来，就是关于"两"的真理，关于如其所是的差异的真理。我认为，爱，也就是我说的"两的场景"，正是这种体验。在此意义上，所有的爱，只要接受这种考验，接受持续的考验，接受这种从差异出发的世界经验，就能以其自有的方式产生关于新的差异的真理。这也就是为什么，一切真正的爱，都关怀整个人类，不论这种爱表面看来多么谦逊、多么隐蔽。

我们知道，所有的人，读到动人的爱情故事都难免心潮澎湃！哲学家应该追问的是，为什么爱会令人心潮澎湃？为什么所有这些电影、所有这些小说、所有这些言情歌曲，都是献给这类爱情故事？在爱之中，必然有着某种普遍性的东西，从而这些故事才会让大众都感兴趣。这种普遍性的东西，就在于所有的爱都提供了一种崭新的关于真理的体验，即关于"两"而不是关于"一"的真理。世界可以通过一种不同于孤独的个体意识的另一种方式来遭遇和体验，这就是任何一种爱都可能给予我们的新体验。这也是为什么，我们珍爱这种爱的情感，正如圣奥古斯丁所说的，我们爱着爱，我们也爱别人之所爱。简言之，因为我们爱真理。在此我们可以看到哲学的意义：当人们爱的时候，人们爱的是真理，哪怕他们并不知道这一点。

您已经谈到了"宣言出来的爱",这一真理似乎应该已经说过了。在您看来,在爱中,必然有着宣言的步骤。为什么言说爱情这一事实是如此重要?

因为爱的宣言内在于事件的结构之中。好比,您首先有某种相遇。我觉得,爱情首先开始于相遇的纯粹偶然性。在相遇中,确实有着爱情与偶遇的游戏。这是不可避免的。偶遇总是存在着。但是,在一定的时刻,偶遇应该被固定下来。接下来爱情应该开始一段持续的时期。这可以说是一个非常复杂的形而上学问题。从开始处的一个纯粹的偶然,如何变成建构真理的支撑点?爱情这种东西,就其本质来说是不可预见的,似乎与生活本身的曲折离奇紧密相联,然而却在两个人的生命轨迹发生了交叉、混合、关联之后变成两个人的共同命运和共同意义,通过两人彼此不同的目光和视角的交流,从而不断地去重新体验世界,感受着世界的诞生。我们如何由单纯的相遇,过渡到一个充满悖论的共同世界,在这个共同世界中我们成为"两"?确实,这是一个非常神秘的过程。

然而,恰恰是因为这种神秘,怀疑论者对爱大加怀疑。好比说,在工作中重逢中学同学这样平常的事情,说得上有什么大道理?然而,这正是需要支持的观点:一个表面看来微不足道的事件,实际上却可能是微观生活之中具有根本性意义的事件,并且在其坚持和持续之中,渐渐负载了某种普遍性的意义。确实,在此应该要说"偶然应该被固定"。这是马拉美用过的表述"最终,偶然应该被固定"。不过,马拉美说这句话时,谈到的并非爱情,而是诗歌。不过,我们完全可以把这一表述用于爱和爱的宣言,当然与之相关的也有着令人害怕的困难和种种忧虑。不过,在诗歌与爱的宣言之间的亲缘性,已经广为人知。在这两种情况下,语言其实都承载着巨大的危险。二者都在于,要发出一种话语,而这种话语应该能够在生活之中产生无限的实践效果。这当然也是诗歌的野心。最简洁的词,有时往往承载着令人难以承受的重量与厚度。

宣布爱情,也就是由相遇事件慢慢过渡到某种真理的建构过程的开端。用某种开端,把相遇的偶然固定下来。通常,爱情开始之后,这种开端充满着新世界的经验,于是，当人们回顾的时候，一切就显得似乎并不是偶然，而是一种必然。于是，偶然被固定下来：认识一个我原本不认识的人，这本是绝对的偶然，但最终，固定下来之后，成为我的归宿和命运。爱的宣言，就是从偶然到命运的过渡，因此，爱的宣言总是充满着危险，并且往往带有某种令人怯场和令人担忧的成分。

此外，爱的宣言并不必然仅仅发生一次，而是有可能是一个长期的、分散的、令人困惑而且迷雾重重的过程，甚至是一而再、再而三的发布宣言和宣誓。但也正是通过这个过程，偶然被固定下来。在任何情况下，只要您说：这个相遇，在某种情况下发生的这个相遇，以及这个相遇之中的种种故事，我还要通告给其他的人。我要告诉其他人，在这里发生的一切，让我投入的一切。这就是："我爱你"。如果这句"我爱你"，不是仅仅为了想把对方弄上床的诡计，那么，这样一种宣言意味着什么，这一切意味着什么？被说出来的是什么？"我爱你"这样的一句话，一点都不简单。可惜，在人们眼中，这句话已经成了陈词滥调，不再有任何意义。此外，为了说"我爱你"，人们有时宁愿采用别的语词，从而更有诗意。但是，无论在何种情况下，爱的宣言想说的总是：那曾经是偶然的一切，我想从中获得更多。从这种偶然，我想获得一种持续，一种坚持，一种投入，一种忠诚。忠诚，我在我的哲学术语里也使用这个词，把这个词从其通常的语境中取出。忠诚，恰恰意味着一种过渡，从一种偶然到一种坚定的建构，从而这种偶然变成一种命运。

说到这里，有必要引用安德烈·高兹（André Gorz）① 极为精彩的著作《致 D 的信：一个爱情故事》（Lettres à D. Histoire d'un amour），这是一位哲学家写给妻子多利娜（Dorine）的爱情宣言，记叙了一段持续多年却历久弥新的爱情故事，以下是这本书的前面几句话："你即将82岁。如今，你又矮了6厘米，你只剩90斤重，但你还是风华依旧，优雅迷人。五十八年以来，我们始终生活在一起，风雨同舟，相濡以沫，我对你的爱越来越深。在我的胸口，我重新感到一种空虚，唯有当你的身体靠

---

① 译注：高兹（1923—2007），法国哲学家、记者，萨特的学生，著名的《新观察家》杂志的创办人之一。《致 D 的信》发表于2006年。

紧我之际，才能弥补这种空虚。"您认为这种忠诚的意义何在？

忠诚，不只是一个不和其他人上床的承诺。忠诚显示出，"我爱你"是一种无需任何特殊仪式的保证，但要保证建构一种绵延，从而使得相遇从偶然中解放出来。马拉美把诗歌视为"逐个征服语词，从而征服偶然"。在爱中，忠诚意味着这种长期的胜利：一天又一天过去，在某种绵延的发明之中，在某个世界的诞生之中，相遇的偶然被征服了。为什么有人经常说：我会永远爱你？当然，条件是这样说并不是一种诡计。显然，道德观察家们往往对这种宣言大加嘲讽，认为现实中这些话从来不曾当真。

首先，说这些话从来都不曾是认真的，这样说并不对。有些人始终相爱，比人们相信和人们说出的还做得更好。所有人都知道，单方面决定终止一段爱情对相爱的人而言仍然是一种灾难，无论想出多么漂亮的借口。在我的生命中，仅仅有过一次，不得不放弃一段感情。那是我的初恋，而我后来越来越清醒地意识到，这一放弃是一个致命的错误,当我在很久之后仍然带着强烈的感情回顾这段恋情,而初恋情人却已经快要离开这个世界。对于接下来的一段恋情,我则是永不言弃。虽然曾有过犹豫、心碎、悲欢离合,我始终不离不弃。对于我深爱着的爱人,我始终抱有绝对的信任,永远的信任。因此,我深深地体会到,怀疑主义的论调是不确切的。

其次,如果说"我爱你"从多方面来看,其实说的一直都是"我永远爱你",这一宣言实际上是将偶然固定在一个永恒的尺度上。不要害怕我用的这些词。把偶然固定,就是宣布某种永恒。在一定程度上,所有的爱情都自称是永恒:永恒包含在爱的宣言之中……此后,所有的问题,就在于把这种永恒嵌入到时间之中。因此,根本说来,这就是爱:一种永恒的宣言应该在时间之中实现或者展开。永恒在时间中降临。正因为如此,这是一种很强烈的情感。您知道,怀疑论者让人觉得可笑,因为如果真的如他们所说的那样放弃爱情和不再相信爱情,那才是真正的灾难,其实所有人都知道这一点。如果这样的话,生活将变得暗淡无光。因此,爱情仍然是一种力量,一种主观力量。

爱的可贵经验就在于，从某一瞬间的偶然出发，去尝试一种永恒。正是通过"一直"这个词，来表达和成就永恒。因为人们并不知道，"一直"意味着什么，也不知道"一直"持续多久。"一直"就意味着永恒。简单说来，这是时间中的一种投入，必须像克洛岱尔（Paul Claudel）① 一样相信，爱在时间之外依然持续着，甚至延伸到死后的奇妙世界。不过，永恒也能够在生活的时间之中存在，也就是说，爱情证明了其本质应该是我之前所说的忠诚。总的说来，这就是幸福。是的，爱的幸福，就是在时间之中接纳永恒这样一种体验。在参加一项革命行动时人们往往会体验到某种政治狂热，在提交艺术作品时体验到一种愉悦，在深入到某一科学理论核心时体验到一种超自然的欢乐，爱的体验也与之类似。

您把爱视作"两"的到来，视作"两的场景"。关于孩子，您有何看法？孩子的出生，岂不是改变或者中断了这一"两的场景"？是否这个由两个人所构成的

---

① 译注：克洛岱尔（1868—1955），法国著名诗人，剧作家。

"一",同时既可以扩展为"两",又可以扩展为"三",而"三"既是"两"的扩展又是"两"的分离?

这个问题深刻而有趣。我的一个朋友热罗姆·本纳罗克(Jérôme Bennaroch)[①],他是犹太人,好学深思、博学多才,一定程度上接受了我关于爱的论点。他老是对我说:是的,爱是"两"的体验,是"两"的宣言和永恒。但是,也存在一个时刻,爱在"一"之中被体验。也就是说必须返回到"一"。这个"一"的象征的、实在的形象,就是孩子。爱的真正命运,也就是作为双方融合为一的体验的产物,也就是孩子。

为了反驳他的观点,我首先提出了许多经验事实来加以置疑,特别是一些特别的事例,好比不孕不育却相爱如故的夫妻、同性恋,等等。

其次,在更深的层次,我对他说:实际上,孩子也参与到爱的空间,在我的术语中,孩子可以说是爱的空

[①] 译注:本纳罗克,巴迪欧的朋友,目前是拉希学院(Institut Rachi de Troyes)和纳伊欧洲犹太大学(Université Juive Européenne de Neuilly)的教师。

间之中的一个点。一个点，是一个特殊的时刻，基于这个点，事件得到重新把握，从而事件被重新演绎，在一个变化的形式下重新返回，从而迫使我们重新"宣布"。由于这个点，迫使我们突然要重新去做一个根本的选择，重新考虑真理建构的各种后果，无论是政治的、爱的、艺术的或者科学的后果，从而使我们返回到开端，即我们接受事件并且颁布宣言之际，以便不断地重新做根本的选择。这就必须再一次说出："我接受这个偶然，我渴望它并且包容它"。在爱的情况下，必须重新作这种宣言，并且往往是在很迫切的情况下。人们也可以说，必须重新形成一个点。我认为，孩子，想要一个孩子，生一个孩子，都是这种情况，都在形成一个新的点。生儿育女构成了爱的过程中的一部分，这是非常明显的，对于爱的情景而言构成了一个新的点。

我们知道，对于任何夫妻而言，关于生育的体验，既是一种奇迹，也是一种艰难的历险。围绕着孩子，确切说来，因为孩子是一个新的"一"，因此必须重新展开"两"。"两"再也不能用他们以前的方式来体验世界。我完全不否认，爱是遵循时间顺序的，或者说爱并不是单独运行的。总是会有一些新的点,一些新的体验,一些新的诱惑,一些新的事件,每一次都必须重新演绎"两的场景",从而进行一种新的"宣言"。尽管在一开始就已经宣布,爱仍然需要不断地被重新宣布。这也就是为什么,爱也往往是生活中严重危机的源头。如同一切真理体验一样。由此看来,政治与爱是相邻的,这一点是无可置疑的。

5

爱 与 政 治

为什么政治与爱有亲缘关系？是否因为二者都有着层出不穷的事件、宣言和忠诚？

在我眼中，政治也是一种真理的程序，而且是关于集体的真理。也就是说，政治行动就是使得集体有能力实施行为的真理。例如，平等是否能够做到？是否能够将原本与集体格格不入的事物也整合到集体之中？是否只有一种世界的可能性？诸如此类。政治的本质，包含在这个问题之中：当无数个体聚焦在一起并组织起来，一起思考和决定，他们能够做什么？在爱之中，考虑的是两个人聚在一起，如何能够包容差异并且实现创造。在政治中，就是要知道，成千上万的人，也就是说人民大众，是否能够基于平等进行创造。在爱的平面上，为了使管理社会化，出现了家庭；同样，在政治的平面上，为了抑制激情，出现了权力和国家。在作为集体的思考与实践的政治与作为管理和规范化的权力或国家之间，有着如同爱情与家庭之间的复杂关系。一方面，爱是作为"两"的发明，另一方面，家庭则是自私自利和私有制的基础单位。

家庭，就其根本来说，可以被定义为"爱之国家"，如果我们拿 état 一词玩玩文字游戏。例如，在参与大型群众运动的时候，我们就能够体会到这一点，在"集体能够做什么？"这个问题和国家的权力与权威的问题之间，有着非常紧张的关系。结果就是，国家几乎总是使得人们的政治期望一再落空。在此，我岂不是也要说，家庭也总是让爱的期望一再落空？您已经看到，问题已经提出来了。在我看来，这些问题只能一点一滴地通过一个又一个的决断加以解决。这些问题的要点，涉及到性、孩子、旅游、工作、朋友、外出、度假，以及其他您想要的一切。现在,所有这些要点都成为爱的宣言的要素,这很不容易。同样,在政治中,问题的要点涉及到国家权力、国界、法律、警察,需要将这些始终保持在一个开放、平等、革命的政治观点之内,这也非常不容易。

爱和政治,在这两种情况中,根据这些要点,我们因此都获得了一些程序。归根到底,正因为这样,我站到了我的宗教界朋友的对立面。不要混淆了体验和目的性。没有国家,不太可能有政治,但是,这并不意味着权力是政治的目的。政治的目的,是要知道集体能够做什么,而并不是权力。同样,在爱中,爱的目的是从一种差异的观点来体验世界,而不是为了传宗接代、保证种族延续。持怀疑论态度的道德观察家在家庭之中看到的种种现象,可以用来为他的悲观主义作辩护,其依据就在于,爱情仅仅是人类为了种族延续而施展的诡计,是社会为了保证特权阶层的传宗接代而发明的诡计。不过,对此,我完全不能同意。我也不能同意我的朋友本纳罗克的说法,在他看来,两个人通过爱实现的辉煌创造,仍然不得不在"一"的荣耀面前屈服。

那么，为什么不设想一种"爱的政治学"，如同德里达在他的"友爱政治学"① 中所设想的那样？

我不认为爱和政治可以混为一谈。"爱的政治学"，在我看来，是一种完全缺乏意义的表述。我认为，当我们开始说"你们要彼此相爱"，这可以用来形成某种道德，但是这并不能形成某种政治。首先，在政治中，总是会有些我们不喜欢的人。这是不可避免的。没人可以迫使我们去爱这些人。

与爱的层面相反，政治首先是在敌对的双方之间的冲突？

在爱中，两个个体之间存在着绝对的差异，这同时是人们能够呈现的最大差异之一；因为这是一种无限的差异，一种相遇，一种宣言，一种忠诚，

---

① 德里达《友爱政治学》(Jacques Derrida, *Politiques de l'amitié*, Galilée, 2004)。可参见阿伽本《友谊》(Giorgio Agamben, *L'Amitié*, Payot & Rivages, 2007)，《爱的影子：海德格尔论爱的概念》(Giorgio Agamben, *L'Ombre de l'amour. Le concept d'amour chez Heidegger,* Payot & Rivages, 2003)。

从而最终能够把这种无限差异改变成为一种创造性的存在。在政治上，有关于政治的最基本的矛盾，完全没有什么可以与爱相比的创造性存在，而只是存在着一些被指定的敌人。政治思想中一个非常重要的问题，今天仍然难以进入的一个问题（之所以难以进入，很大程度上因为我们的民主因素），就是敌人的问题。

问题就在于：是否存在着一些敌人？但是，确实存在着一些敌人。我们接受某个人，忧郁的、顺从的，他循序渐进地掌握了权力，仅仅因为很多人都把选票投给他，这不是一个真正的敌人。但是这个人站在国家权力的巅峰，却令我们感到忧伤，因为我们宁愿他的对手获胜。您将等待他的下台，这可能要等五年，甚至十年[①]。但是，我们所说的敌人，却是完全不同的另一种情况。敌人是这样一个人，不论他决定要做什么，无论是否与我们相关，都让我们觉得无法忍受。那么，一个这种意义上的真正的敌人，是否存在？我们必须由这一点开始。

---

① 译注：法国的总统通过选举产生，任期5年，最多连任两届。

在政治上，这是一个非常重要的问题，而人们往往忽视这个问题。

然而，敌人的问题是完全与爱的问题无关的。在爱中，您将遇到一些障碍，内心饱受苦楚，但并没有什么真正意义上的敌人。您也许要说，那么我的情敌呢？我的爱人会不会选择他（她）而不选择我？但是，这仍然完全与敌人无关。在政治中，对敌人的斗争是行动的构成部分。敌人是政治的本质的一部分。所有真正的政治，都必须定义真正的敌人。然而，情敌则是完全外在的，根本就不被纳入到爱的定义之中。

正是因为这一关键点，我不同意如同某些人那样，将嫉妒视作爱情的组成部分。这些人中，最有才华的要数普鲁斯特，在他看来，嫉妒，充满强度和恶意，真实地包含在爱情的主体之中。在我看来，这只是道德观察家和怀疑论者的观点的一种变调。嫉妒是爱的寄生物，却根本不应被纳入到爱的定义之中。

是否所有的爱情，都应该，为了开始这段恋情，为了宣布恋情，都必须确定或者假定一个情敌？恰恰相反：爱的内在困难，"两"的场景所内在的矛盾，往往都是因为第三者的出现，这些矛盾和困难往往因此而加剧。爱的困难，并不在于一个指定的敌人的存在，而是内在于爱的过程之中：即差异的创造游戏。爱的敌人，乃是自私自利，而不是情敌。于是我们可以说：我的爱的主要敌人，我应该战胜的敌人，不是另一个人，而是我自己。因为自我总是倾向于自身的同一，从而抗拒差异；因为自我总是对在差异的视野中过渡和重构的世界持反对态度，而强化自己的世界。

爱，是否也可能导致战争……？

我们当然得注意到，如同许多其他的真理程序一样，爱的过程并不总是和平的。有时也包含许多充满暴力的争吵，刻骨铭心的伤痛，破镜重圆或者永远分离。我们也必须承认，爱往往是个人生活中最痛苦的经历。正因为这个原因，有些人宣传某种"爱情全保险"。我曾经说过，爱有时甚至会导致死亡。有人为爱而杀人，亦有人为爱而自杀。确实，就爱而言，有时爱不比暴力革命的政治更和平。不过，真理从来都不是某种类似于"玫瑰糖俱乐部"（rose bonbon）①一样可以随便建构起来的东西。爱有它自身的关于矛盾和暴力的体系。不过，差异就在于，在政治中，人们要面对的是敌人；而在爱中，人们要面对的是悲剧。这是一种内在的悲剧，在于同一性与差异性的冲突所引发的悲剧。爱的悲剧，也就是对于同一性与差异性之间的冲突的体验。

无论如何，是否仍然可能，把爱与政治聚拢在一起，而不需要堕入某种爱的政治学的伦理主义？

有两种政治概念，或者说两种政治哲学的概念，从纯粹形式的方式来看，倒是与在爱中所呈现的辩证法有相近之处。

首先，在"共产主义"（communisme）一词中，有这样一种观念，即集体有能力将一切政治之外的差异整合起来。人们来自五湖四海，讲着不同的语言，文化背景

---

① 译注："玫瑰糖"原本是座落于巴黎九区的一个俱乐部，1978年创立的一支摇滚乐队在此驻唱，并冠以同样的名字，在法国的摇滚乐发展史上具有重要地位。

不同，但是这并不阻止他们可以参加同一个共产主义的政治进程，他们的身份并不因此就会成为爱的创造中的障碍。正如马克思所说的，唯有与敌人的差异和矛盾才是政治性的，不可调和的。但是在爱中，根本不存在这种不可调和的敌人。

其次，我们要说说"博爱"一词。在法兰西共和国的箴言"自由、平等、博爱"这三个词中，"博爱"是最晦涩的。"自由"一词虽然引起很多争论，但大家知道自由是什么。"平等"的概念，则可以下一个相当严格的定义。但是，什么是"博爱"？毫无疑问，这就触及了差异性问题，以及这些有差异的个体在同一个政治进程内如何友好共存的问题，从何处开始就得与敌人面对面的本质性边界问题。这个概念可以被国际主义所覆盖，因为如果集体能够保证内部的平等，那么这就意味着它同时也要将最大的差异整合到自身之中，并且对身份进行严格的控制。

在我们的对话开始之际，您曾谈及基督教，把它称作"爱的宗教"。那么，您是否对在各种重要的意识形

态之中爱的种种嬗变形式感兴趣？在您看来，基督教如何能够把握住这种特殊的爱的力量？

我认为，在这方面，犹太教已经提前为基督教作了准备。在《旧约》之中，爱的存在是非常明显的，无论是规定还是描述。无论其神学意义如何，《雅歌》可谓前所未有的、最强有力的爱的颂歌。基督教本身，可谓是在普遍超越观念方向上，高强度的爱的应用的最高范例。

基督教对我们说：如果你们彼此相爱，爱的共同体的整体将会导向爱的最终根源，即神圣的超越者（上帝）本身。因此，爱的体验、对他者的体验、朝向他人的目光，对于这种最高的爱而言都是一种奉献，因为最高的爱既是我们对上帝之爱，亦是上帝对我们之爱。当然，这是一个非常天才的想法。为了有利于教会（教会是基督教的政权形式），基督教知道如何掌控这种爱的力量，这种力量使得人们能够为了共同体的最高利益而不仅仅只是为了种族的延续忍受痛苦。

基督教完美地把握到，在爱的偶然表象之中，有着某种不可归结于偶然的东西。但是，问题的症结就在这里，基督教将其归结为超越的上帝。然而，这种普遍的因素，我在我自身之中体认到，我认为这种因素是内在的。但是，一定程度上，基督教将这种因素加以提高，使之朝向一个超越的力量。这种运动已经通过善的理念，部分地体现在柏拉图哲学之中。

现在，正是这种最初的、天才般的爱的力量，我们必须将其拉回到地上。也就是说，必须显示出有一种普遍的爱的力量，但这种力量只是一种单纯的可能性，使得我们形成一种关于差异的实在的、肯定的、创造的经验。毫无疑问，这种经验是关于"他者"的经验，但并不是一个"大全式的他者"，也不是一个超越性的"宏大他者"。最终而言，这不是各种宗教所说的爱。因为这些宗教，对爱本身不感兴趣，对于强度的源泉、爱的主观创造不感兴趣，而只是为了引向信仰和教会，从而使这种爱的主观状态能最终引向上帝的超越性。

我在这里赞颂的爱，是一种战斗性的爱，是一种人间的创造，出自于世界之中的差异，是一种幸福，而基督教则代之以一种被动的、扭曲的、口是心非的爱。在我看来，下跪的爱不是真正的爱，即使我们有时在爱中有着想要将自己完全托付给爱人的激情。

您曾经和安托万·维特兹（Antoine Vitez）①合作，尤其是当他导演克洛岱尔的《缎子鞋》之际。《分享正午》的作者（即克洛岱尔）关于爱所作的思考，充满了基督教精神，不过，对于今天越来越世俗化从而远离基督教的人们来说，这种思考是否仍有某种现实意义？

克洛岱尔是一个伟大的爱的戏剧作家。《缎子鞋》和《分享正午》两个剧本都是献给爱这个问题的。但是，在克洛岱尔这里，圣徒相通（communication des saints）②、

---

① 译注：维特兹（1930—1990），法国著名话剧导演，战后最重要的话剧导演之一。

② 译注：圣徒相通（拉丁语作 communio sanctorum），在基督教中指的是所有信众，通过圣灵，与一切在世的、去世的其他信众、圣徒一起形成一个精神的共同体。这一说法基于《旧约》之《哥林多前书》第12章，用一个身体虽有多个肢体但仍是一个身体，来比喻神的一元性和世界万物的分殊。"就如身子是一个，却有许多肢体；而且肢体虽多，仍是一个身子；基督也是这样。……若一个肢体受苦，所有的肢体就一同受苦；若一个肢体得荣耀，所有的肢体就一同快乐。你们就是基督的身子，并且各自作肢体。"

在彼岸世界里贡献与拯救的换算等等并不直接令我们激动，那么书中令我们感兴趣的是什么呢？

我想到了《分享正午》结尾中的这个句子："彼此远离，彼此却仍然不断地思念对方，我们是否要带走忙碌不息的灵魂？"克洛岱尔对这一点特别敏感，真正的爱总是会超越一个不可能的点："彼此远离，彼此却仍然不断地思念对方……"严格说来，爱不是一种可能性，而勿宁是一种超越，超越那看似不可能的事物。某种貌似没有理由存在并且没有任何出现可能性的东西，竟然存在。

正因为这样，"蜜糖网"的广告可谓充满了虚假和谬误。蜜糖网的所作所为，似乎在说为了您的爱情安全，您可以事先检查各种可能性，从而选择最好的可能性。但是，现实中发生的完全不是这样。当然，也不会像童话故事中所发生的那样，有着络绎不绝的追求者。

正是这种对不可能性的超越，是爱的开端；克洛岱尔是一个关于不可能性这一主题的伟大诗人，借助于被禁忌的女人这一主题。然而，在他那里，仍然偷龙转凤，因为这种不可能性的超越是人间的，所以仍然是相对的。可以这么说，在他那里，有两种"两的场景"而不只是一种。第一种是对人间的不可能性的体验。第二种,"两"将在信仰的宇宙中得到调和。标记出这些诗意的活动是很有趣的,通过这些诗意的活动,从第一种"两"的场景出来,用来哺育第二种"两"的场景,并借助于一种无与伦比的诗歌语言。

可以说,整个基督教都是如此。利用人间的爱的力量来进行他们的宣传,他们如是说道:"是的,虽然有这种力量,某些事情仍然是不可能的;但是,您不用担心,在此岸世界不可能的事物,并不必然在彼岸世界也不可能。"这是一种很基本却充满力量的宣传。

这种想要使爱从超越到内在、使爱来到人间的意志,就是历史上的共产主义的意志。共产主义假说 (hypothèse communiste)[①] 的重新活跃,在何种程度上可以说得上是某种方式对爱的重新创造?

---

① 译注:共产主义假说这个术语本是萨科齐在批评 1968 年 5 月风暴时的用语。萨科齐说:"我们拒绝受任何东西困扰。经验上的共产主义消失仍然不够。我们想驱逐它的一切形式,甚至共产主义假说。"不过,巴迪欧接过这个概念,但反其道而用之。强调共产主义假说不仅是必要的,而且是永恒的。

我在之前说过关于爱这个词的政治用法，它们同爱的宗教用法一样会引人误入歧途。但也必须注意到，在爱的政治用法中，人们也是通过某种超越性来达到对爱的力量的把握。在此处，不再是对于上帝的爱，而是对于政党的爱，以及通过政党对最高领袖的爱。"个人崇拜"这一表达，恰如其分地命名了这种对某一政治形象的集体移情。诗人们在这方面也未能免俗，看看艾吕雅（Paul Eluard）[1]献给斯大林的赞辞，阿拉贡（Louis Aragon）[2]在多雷（Maurice Thorez）病后返回法国时为之所作的颂歌。令我更感兴趣的在于，对这样一种政党的崇拜。在这方面，阿拉贡无疑是相当明显的："我的党，还我以法兰西的色彩"。在他的诗歌中，无疑人们可以辨认出爱的音调。献给党的诗，与献给艾尔莎（ElsaTriolet）[3]的诗，

---

[1] 译注：艾吕雅（1895—1952），法国著名诗人，超现实主义的干将之一。

[2] 译注：阿拉贡（1897—1982），法国著名诗人，超现实主义成员，其诗作流传极广。多雷（1900—1964），法共领导人，从1930年直至1964年担任法共总书记。

[3] 译注：艾尔莎（1896—1970），阿拉贡的妻子，她本人亦是一名作家。阿拉贡为她写了许多优美的情诗，如《献给艾尔莎的雅歌》（1941），《艾尔莎的眼睛》（1942）等。

用词十分相近。

政党这一形式，原本只是用来解放工人和人民的过渡工具，如今变成了崇拜对象，这一点是很有意思的。不过，我并不想轻易地对这一切加以嘲弄，那是一个充满政治激情的时代，我们再也没能拥有这样的激情，尽管我们总是批评那个时代；但是，那曾是多么强大的一种激情，曾经令几百万人心潮澎湃。

然而，今天在这里，我们的题目是爱，我们应该说，爱不应该和政治激情搅和在一起。政治问题，是对仇恨加以控制的问题，而不是爱的问题。仇恨是一种激情，一种涉及到敌人这一问题时不可避免地产生的激情。因此，我们说，在政治中，总是存在有某些敌人，不论政治的组织形式怎样，这些组织的角色之一就在于控制甚至取消仇恨的效果。这并不是要去鼓吹爱，而在于政治问题主要是一个理性的问题，给敌人下定义，一个最精确的、严格限制的定义。而不要像已经过去的20世纪所做的那样，用尽可能模糊、外延尽可能扩大的定义。

有必要将爱与政治分开?

当代思想的相当一部分,就在于把不恰当地混杂在一起的事物区分开来。正如敌人的定义应该加以控制、限制,并归于其最小值;同样,爱,作为差异真理的某种冒险,也应当与政治严格分开。

当我说共产主义假说,我想说的仅仅是:解放政治的未来形式应该置身于共产主义理念的重新复活和扬弃中,设想一个新的世界的理念,一个不至于陷入到私有产权的种种欲望的世界,一个平等的自由联合的世界。为了表达所有这些理念,我们要有新的哲学工具,同时不乏当地化的政治经验,从而这种思想将是崭新的。相对于资本主义的狂怒而言,在这个新的世界中将更容易重新创造爱。因为,显然,在资本主义之中没有什么非功利的东西是可以轻而易举得到的。然而,爱,如同一切真理程序一样,基本上是非功利的:爱的价值不在于它自身,这种价值在两个个体的直接利益之外。"共产主义"一词中所包含的东西,与爱一词并无直接关系。然而,对于爱而言,"共产主义"一词却意味着一些新的可能性条件。

在共产主义的政治之中，爱的各种嬗变形式将有着另一可能的维度。这是一些基于罢工或者别的社会运动而建构起来的爱情故事。您经常坚持这个维度，既然这个维度使得政治的超越成为可能，在此基础上爱的超越成为可能。这类充满战斗的爱情故事的特殊性何在？

对于事物的这个方面，由于我相当一部分的小说和戏剧都与此有关，因而我更为敏感。就是这样，在我的剧本《红披肩》中，所讲述的故事很大程度上是有距离的爱情的故事，是在一场波澜壮阔的政治运动的各种形态（包括战争、罢工、会议）之中，我们的一位兄弟和一个姐妹的爱情。在我的小说《在此安息》（采用了雨果《悲惨世界》中的形式纬线）中，革命的画卷包含了一位什叶派穆斯林工人的爱情。这位工人名叫阿扎米（Ahmed Aazami），他爱上了一名女恐怖分子卡特琳（Elisabeth Cathely）。后者的儿子西蒙由阿扎米抚养长大，却爱上了一名反动派头子的女儿奥伽沙瓦拉（Claude Ogasawara）。

在这些情况中,问题在于强调的不是爱与革命行动之间的相似性,而是在主体的最内在最深沉的层面的某种神秘的回响。当生命在理念的号召下投入到行动之中而获得某种强度,而爱的差异性活动则为他带来另一种质的强度,这种回响就在二者之间展开。这如同两件音色和强度都截然不同的乐器,在一位伟大音乐家的调动下开始演奏同一乐曲,从而二者间取得一种神秘的和谐。

请允许我做一个有节制的告白。我的这些作品都可置入到我生命中的高峰,那段"红色岁月",即在1968年5月到80年代之间。我在那段时间形成了我的政治信条,从此我一直忠于这些理念,"共产主义"对我而言并不仅仅只是一个名词。但是,也是在此期间,一定程度上可以说,我的情感生活也基本定型。此后到来的一切,都可以用这个源头来解释,或者作为这个源流的发展。特别是,我已经说过,形成了我的信条,无论是政治方面还是爱情方面的信条,从此我从未放弃。因此,正是这段时期,在政治与爱之间,我的生命找到了"如鼓琴瑟"般的和谐。

6

爱 与 艺 术

在《世纪》一书中，您评论了布勒东（André Breton）①的一个文本《17密技》，在其中您揭示出，20世纪是一个把爱提升为真理的形象的伟大时代。但是，当布勒东在《溶解的鱼》中说道，"艺术最简洁的表达，就是爱"②，到底其意义是什么？

---

① 译注：布勒东（1896—1966），法国著名诗人，作家，超现实主义运动的领军人物。《17密技》（Arcane 17）是他在1944年出版的作品。

② 参见樊尚·吉勒编《若您爱着爱……超现实主义爱情文选》，（Vincent Gille, *Si vous aimez l'amour...Anthologie amoureuse du surréalisme*, Syllepse, 2001）。

超现实主义的核心命题，我们在一开始就说过了，用兰波的话来说，也就是重新创造爱。对于超现实主义者而言，这种重新创造，既是一种艺术态度，也是一种生活态度和政治态度。他们在三者之间不作区分。在艺术中有一点是很强大的，就是赋予事件以事件应有之价值。这也是艺术可能的定义之一：艺术就是在思想的秩序之中，完全地赋予事件以事件应有之价值。

在政治上，这些事件是通过此后发生的历史来衡量和分类的。但是，唯有艺术试图重建或者尝试重建事件的力量。唯有艺术，能够将某次相遇、某次起义、某次暴乱的感性力量重建起来。任何形式的艺术，都是关于这类事件的伟大思想。一幅伟大的画作，就是画家以自己的方式，对某种无法直接显示出来的事物的重新把握。

我们可以说，只有在洞穿了显现的事件之后，潜在的事件才会浮现出来。在这一点上，布勒东指出，事件与爱有着极亲密的联系，因为说到底，爱是这样一个时刻：事件洞穿生命（通过爱的宣言、偶然的事件，穿透了生命的存在，而变成必然的命运）。这样才能解释何谓"为爱疯狂"。因为爱是无法被归结为任何规则的。

不存在任何爱的法则。

通常,艺术表现的是爱的非社会的一面。正如民间谚语所说的,"相爱的人是孤单的"(因为在他们眼中,只看到爱情,看不到世界)。唯有相爱的人一直拥有差异性并且从差异性出发来体验世界。超现实主义对疯狂的爱情大加赞赏,将其视作法规之外的事件的力量。爱的思想,这种思想反对一切秩序,反对法律的秩序的力量。超现实主义者们在语言之中,以及在生活之中,发现了用来哺育他们的诗歌革命的力量。从这个观点来看,他们对爱、性非常感兴趣,爱和性成为一种原则,成为用来支持生活中的革命的可能性。相反,他们对爱的延续不感兴趣。他们尤其把爱视作精彩绝伦的邂逅之诗。

例如,在《那加》(Nadja)[①]中,布勒东以一种特别精彩的形式,描述了一种诗意的、神秘的、不确定的邂逅,他和妙龄女郎那加在街角的一次邂逅,后来演变为一段令人疯狂的爱情。在纯粹的相遇中,是与算计截然相反的。但是,这种爱情,并非在延续的层面上,也不

---

① 译注:《那加》是布勒东的代表作之一,是一部自传体作品。

是在永恒的层面上。甚至于有些哲学家也支持这一说法，认为瞬间即是永恒。实际上，我们在希腊思想中已经可以找到这种思想。这似乎让布勒东显得颇有理据。当然，奇迹般的相遇的瞬间，总是暗示着某种永恒观念，尽管这种永恒没有这般光彩夺目而且倍加辛苦，也就是说某种时间性永恒的建构，一点一点地进行的"两"的经验的建构。

我承认相遇的奇迹，但是我认为，如果把这种相遇孤立出来，如果这种相遇并不引向需要一点一点地加以辛苦劳作来建构出爱的真理，这种奇迹所凸显的就是超现实主义的诗学。在这里，"劳作"应该从正面来加以看待。有一种爱的劳作，而不仅仅只是一种奇迹。必须坚持不懈，必须同时注意自我和他人，必须将自我和他人放在一起。必须思考，并且行动，从而有所转变。于是，是的，作为劳作的内在报偿，将获得幸福。

那么，很奇怪的是，关于爱这一主题，您经常引用贝克特（Samuel Beckett）。实际上，我们几乎可以说，贝克特的作品真正说来都不会以幸福为归宿。在人们眼中,他的作品代表着虚无主义和悲观主义,那么在您看来,爱之所是的"两的场景"在他的作品中是如何得到体现呢?

正如我之前说的,在关于爱这一主题的文学之中,很少说到关于爱的延续的体验。这一点很奇怪。

我们看看戏剧。您可以看到,许多戏剧表现的都是年轻的恋人们为反抗家庭专制而出现的种种纠纷(这可谓是一个永恒的主题),我们可以用马里沃的一个副标题来给这类剧本冠名:爱的胜利。关于这一模式,很多剧本都告诉我们,这些年轻人,通常在一些亲近的仆人的帮助下,从而最终使老人们上当,以达到他们的目的,也就是说有情人终成眷属。但是,这样获得的是爱的胜利,而不是爱的延续。我们恰恰可以把这个称作相遇的诡计。

重要的作品,宏大的小说,则往往建构在不可能的爱之上,爱的体验,爱的悲剧,爱的破裂、分离、终结,等等。但是,关于爱的延续,却总是言之甚少。我们甚至可以观察到,在实践中,婚姻不曾激发什么伟大的作品。艺术家和文学家很少从婚姻生活中汲取灵感,这是一个事实。

然而,确切说来,正是在贝克特这里,谈到了爱的延续这一主题,我们可以说他是一个悲观的作家,关于不可能性的作家;但他也是一个表现了爱的顽固的作家。例如,在《美好时日》一剧中,表现的是一对老年夫妻的故事。但人们只能看到老太太,她的老伴躲在幕后,一切都显得衰败不已、破烂不堪。她正陷入泥淖之中,但是她却说道:"哦,那曾是多么美好的日子啊!"她这么说,因为爱一直在那里。爱就是这样一种坚强有力、始终不变的因素,变成为我们生命的内在结构,虽然表面看来生活糟糕无比。爱是这场灾难背后所隐藏的力量。

在一个短小精悍、名为《够了!》的文本中,贝克特讲述的是一对老年夫妻的流浪,背景是一片荒凉的山区。这也是一种爱的叙事,关于这对夫妻的爱的延续的叙事,虽然这丝毫也不掩盖两人极为糟糕的身体状况、单调重复的生活、随着岁月流逝而日益艰难的性生活,等等。这个文本表达了这一切,但是他把整个叙事最终置于坚持到底的爱的力量之下。

既然您谈论戏剧艺术,我希望您谈一谈自您的童年时代起就一直伴随着您的这种特殊的爱:对戏剧的爱。阿赫默德(Ahmed)三部曲表现的可谓是当代的斯卡潘①,在您写这三部曲之前,您在年轻的时候,就曾在《斯卡潘的诡计》中扮演过角色。您对戏剧的这种持久不变的热爱是怎样的性质?

对戏剧的爱,在我这里,是一种非常复杂也非常原初的爱。很可能,这种爱比我对哲学的爱还要强烈。对哲学之爱,来得更迟、更缓慢和更艰难。

我相信,当我年轻时登上舞台之际,戏剧中让我倍感激情的,是一种直接的情感,语言和诗歌中的某种东西几乎是以某种无法解释的方式直接与身体连接在一起。说到底,戏剧对我而言,已经是后来爱对我而言的形象;因为戏剧是这样一个时刻,在戏剧中,思想与语言以一种不可区分的方式浑然一体。戏剧以另一种方式,

---

① 译注:斯卡潘(Scapin, Scappino),是法国喜剧中的一个喜剧人物,源自意大利喜剧。在法国,最早出现在莫里哀的《斯卡潘的诡计》中。通常,斯卡潘是一个足智多谋的仆人,为其效力的贵族出谋划策。

来展示那无法言说的:"这是一个人的身体"或"这是一个观念"。在二者之间有一种混合,一种通过语言对身体的重新把握,就如同当某人对另一个人说"我爱你":某人当着您的面,对另一个说这样的一句话,从而表达出某种无法用物质存在来言说的东西,某种超越这种物质存在却又在其中的东西。然而,戏剧就是这样的,以一种原初的方式,戏剧是用身体进行的思考,是身体化的思想。但仍然是一种思想,我可以在另一个意义上对此再补充一下。因为我们知道,在戏剧中,总是需要反复进行排练。"让我们再来一次",导演如是说。思想并不会轻易地就来到身体之中。这一点相当复杂,思想与空间以及动作姿态建立起联系。这种关系必须是直接的、可计算的。因此,这正是在爱之中发生的。

欲望是一种直接的力量,但是爱还要求关怀,重复。爱熟悉这种反复排练的机制。"你要再说一遍,你爱我"、"说得再动听一点",恋人常常如是说。欲望总是不断重新开始。在这样的关怀下,我们可以理解,如果为爱所纠缠,就要不断地说"再一次!再一次!",动作的要求有配套的言语的支持,一种不断更新的宣言。人们知道,在戏剧中,爱情游戏的问题是关键的,而其中的关键又在于爱的宣言的问题。因为有着这种爱的戏剧,这种爱与偶然的游戏,这就是为什么我对戏剧的爱如此之强烈。

这同时也是戏剧大师维特兹所捍卫的立场,1984 年的阿维尼翁戏剧节,他把您的歌剧《红披肩》搬上了舞台,用阿佩尔吉斯(Georges Aperghis)①的音乐作为配乐。维特兹说:"我想要在舞台上表现的总是这些东西:让人感受到观念的强烈的力量,让人看到这些观念如何扭曲和折磨身体"。您是否也有同样的主张?

是的。您知道,葡萄牙诗人佩索阿(Pessoa)在某处写道:"爱是一种思想"。表面看来,这是一个充满矛盾的表述,因为我们总是说,爱就是身体,就是欲望,就是情感,但总之不会是理性和思想。而他却说,"爱是一种思想"。但是我相信他这么说是有道理的,我认

---

① 译注:阿佩尔吉斯,法国作曲家,1945 年生于希腊。

为爱是一种思想,这种思想与身体的关系是非常特殊的,正如维特兹所说的,这种关系往往被标志以一种不可避免的暴力。我们在生命中体验着这种暴力。

确实,这种爱能够弯曲我们的身体,诱发种种折磨。正如我们每天所看到的,爱并不是一条静静的长河。人们无法忘怀那些导致自杀和谋杀的数不清的恋爱故事。在戏剧中,爱不再只是性的滑稽剧,或者纯真的风流韵事;而也将是一种悲剧,一种放弃,一种狂怒。戏剧与爱的联系,也是对于将人与人隔离开来的深渊的探索,对爱情在两个孤独者之间所建立的无比脆弱的桥梁的描述。

必须不断地返回到这种联系:在两个性感的身体之间来来去去、反复交流,这种被称做爱的思想,到底是什么?然而,还是必须说,正是这些使我们之前的问题合法化了,如果没有爱,那么戏剧还有什么好演的?有什么好谈的?戏剧经常谈及政治,大量地谈及政治。那么,我们说,戏剧,就是政治和爱,更广泛来说,二者的交叉。而悲剧的一个可能定义,就是政治与爱的交叉。

但是,戏剧之爱,在更强的意义上来说就是爱之爱,因为,没有这些爱情故事,没有自由恋爱对家庭专制的抗争,戏剧就没什么好演的了。正如莫里哀告诉我们的,古代喜剧其基本方式,在于告诉我们年轻人是如何通过偶然相遇相知,如何通过计谋来摆脱父母安排的婚姻。最为流行、演得最多的戏剧冲突,就是这样一种偶然的爱对必然性法则的抗争。更为巧妙的在于,这种冲突往往表现的是青年人在一些无产者(家奴、仆人)的帮助下,来反对由教会和国家所支持的老年人。于是,您对我说:"我们已经获得自由,不再有父母安排的婚姻,夫妻结合乃是纯粹的创造。"不过,这一点仍然是不太确定的。自由,到底是何种自由?以何种代价?是的,这是一个真正的问题:爱情为了获得表面自由的胜利,需要付出怎样的代价?

在您对戏剧的热爱中,似乎也存在一种对某个集体的爱、对某种共同体的爱?因为我注意到,您曾经在剧团中生活过一段时间,在一群演员和技术人员中间。戏剧是否可以视为一种爱的载体,体现了博爱精神?

是的,当然有这种对集体的爱。戏剧,就是集体,就是博爱的美学形式。因此,我支持这种观点,主张在一切戏剧中就此而言都有着某种共产主义的东西。在这里,"共产主义",我理解为一个变化着的整体,使得公共事物居于私人事物之上,使得集体利益居于个体利益之上。在这个意义上,爱是共产主义的,如果您承认,像我一样,爱的主体是成为一对夫妻,而不只是满足于个体的组合。于是还有一种爱的定义:最小的共产主义!

我们还是回到戏剧,让我吃惊的正是因为这一点,在一场戏剧的巡回表演中所形成的共同体是很脆弱的。我想到了当这些共同体解散之际、特殊的、让人痛心疾首的时刻:进行一场巡回演出,好比两人一起进行一段旅行,在一两个月的时间里生活在一起,然后就分开了。戏剧,就是对这种分离的体验。在这些时刻中最深的忧愁,就在于在表演中所形成的博爱气氛消失了。"这是我的手机号码。别忘了给我电话!"大家可能熟识这种说辞。但是,很多时候,并没有真正地互相打电话。这将是结束,人们就此分开。然而,分离的问题在爱之中如此重要,人们几乎可以把爱定义为一种成功的反抗,反抗任何分离的可能。爱的共同体也是脆弱的,为了保持这种共同体并且扩展这种共同体，所必须的不仅仅是一个手机号码。

从内行的角度来看，什么是对戏剧的爱？也就是说，从您曾经是演员的角度来看，您也许还想通过重演《敏感的阿赫默德》和《哲学家阿赫默德》中的独白戏从而再当一次演员？

戏剧之爱是一种特殊的爱，要求把自己的身体献给语言，献给观念。您要知道，一切哲学家都是一个演员，无论他在游戏中所面临的是怎样的对手。因为从我们的伟大祖先希腊人开始，我们就习惯于在公开场合谈话。因此一方面，在哲学中始终有着某种自我展示，形成了哲学中的口语维度——正是在这一点，我与德里达展开了争论，德里达以书写的名义反对口语，虽然他本身体现的却是一个精湛的演员——但是，哲学的口语维度，实际上已经是一种通过身体进行的重新把握，一种转渡的操作。

人们经常指责哲学家，视一切如梦幻泡影，以矫揉造作的方式来魅惑青年,用充满诱惑的道路将人们引向一些缺乏可信度的道理。在柏拉图的《理想国》第五卷(这一卷规模宏大,不久我将为大家展示一个完整独特的译本)之中,有着一个令人惊奇的过渡。苏格拉底试图定义什么是真正的哲学家。突然,他就变换了主题。

这是我对这一段的翻译(说话的是苏格拉底)[①]:

——(苏格拉底):我不是必须向您指出,在我们自身之中回忆往往是特别活跃的?当我们谈及爱的对象时,我们认为爱者必是爱着这个对象的全部。我们并不认为,他的爱会从中选择一部分而抛弃另一部分。

两个年轻人似乎呆住了。阿曼达表示自己茫然不知所处,不知所云:

——(阿曼达):亲爱的苏格拉底!关于爱所作的长篇大论与哲学家的定义,到底有什么关系呢?

——(苏格拉底):我可爱的年轻人,事情就是这样

---

① 译注:参见《理想国》475B–D。不过,巴迪欧此处作了很大的改译,已经面目全非,几乎难以辨认出柏拉图原文的形态。可参见郭斌和、张竹明译《理想国》,商务印书馆,1986年,217页。

的。我们总是做不到，如同伟大的葡萄牙诗人佩索阿那样认识到这个真理，即"爱是一种思想"。年轻人，让我告诉你们：谁若不由爱出发，谁就永远不会明白什么是哲学。

是的，的确如此。我们还得听听我们的导师的话。必须从爱出发。作为哲学家，我们并没有太多像样的手段；如果连诱惑的手段都被取消，我们就完全没有任何武器。因此，作为一个演员，也是这样的。这也是以某种事物的名义进行诱惑，而这种事物就是真理。

结 论

我想返回到开头时你所说的,这种需要不断重新创造和捍卫的爱。在《萨科齐代表着什么?》一书中,您认为,重新创造爱,是一个可能的点,用来抵抗商业色情与左派当下的政治混乱。针对以法国总统萨科齐为代表的世界,爱如何才能构建为某种抵抗?

我认为,有一点非常重要,就是要了解到,法国既是一个革命的国度,又是一个反动派的大本营。这是用于理解法国的一个辩证因素。

我经常和我的外国友人们讨论这一点,因为他们往往有着一个关于坚持不懈地进行革命的法国的神话。因此,他们必然对萨科齐的当选惊讶无比,因为这完全出乎他们的意料。我回答他们说,他们眼中的法国历史,陆续出现的乃是:启蒙运动的哲学家、卢梭、法国大革命、1848年革命、巴黎公社、人民阵线、抵抗运动以及1968年的五月风暴。问题在于,还有另一种法国历史:1815年的复辟、凡尔赛、神圣联盟、贝当、殖民战争……以及萨科齐。因此,有两种法国史,二者互相掺杂在一起。实际上,在歇斯底里的革命热潮奔涌之际,亦是顽固透顶的反动派嚣张跋扈之时。

由此看来,我认为,爱也处在类似的游戏之中。此外,爱一直都是与历史事件联系在一起的。爱的浪漫主义是与19世纪的一次又一次革命紧紧联系在一起的。布勒东,人民阵线,抵抗运动,反法西斯斗争。1968年的"五月风暴"是关于性和爱的各种新观念和新尝试的一次大爆炸。但是,在萧条、反动的背景下,有人想要提上日程来讨论的东西,往往都是身份的问题。这种讨论可以采取多种不同的形式,但归根结底永远都是围绕着身份进行的。

在这一点上,萨科齐也不例外。他的第一个靶子,就是来自于外国的劳工。借助的手段：冷酷的压迫性的法规。在他担任内务部长期间，他就已经这么做了。他的说辞，是把作为法国人的身份与作为西方人的身份二者混同起来。但是这套说辞并不妨碍法国毫不犹豫就成为非洲大陆上的头号殖民者。法国人提出的反动口号，总是号称捍卫"我们的价值"，从而使我们法国人在全球化的资本主义流动之中取得独特的身份。反动派的话题，总归是在这种或那种形式之下所进行的关于身份的话题。

然而，正是这种关于身份的逻辑，对爱造成了严重的威胁。人们将对差异加以置疑，尤其是其非社会性，其野蛮、暴力的一面。于是，人们将宣传一种彻底安全的"爱"，一种与其他安全措施完美协调的爱。因此，捍卫爱，尤其是逾越法规和异于法规的爱，正是当下的任务。就最小程度而言，在爱中，人们对差异所持的是信任的态度，而不是怀疑的态度。在反动派中，人们总是在同一性（身份）的名义之下来怀疑差异性；这就是反动派的一般准则。相反，如果我们想要以开放姿态面对差异及其内涵，也就是说，集体要能够成为涵盖全世界的集体,这样的集体,对于个体经验而言,具有实践意义的点就在于捍卫爱情。相对于不断重复的同一性(身份)崇拜,必须用不断差异、无法重复的爱来加以反对。1982年,我在《主体理论》一书中写道:"爱那些您无法看见第二次的事物"。

*此外,在这个意义上,让-吕克·戈达尔(Jean-Luc Godard)*① *拍过一部名为《爱之颂》的电影,我们的对话题目的灵感亦来自于这部电影。在戈达尔的电影中,试图在爱与抵抗之间建立起一种接近、一种关系……*

当然!在不同的历史时期,戈达尔在他不同的电影作品之中,不断地表现着他心目中抵抗的点、创造的点,以及更广泛而言,在他的眼中值得用画面来表达的一切。爱于他而言是最根本的主题之一,在我看来,戈达尔似乎把爱放在两种爱的概念之间,一种关于性的强而纯的概念,另一种则主要是女性们所持的一种强烈的爱,以

---

① 译注:戈达尔(1930—),法国著名电影导演,"新浪潮"派的代表人物之一。《爱之颂》是他导演的作品,2001年上演。

及这两种爱对于男人而言所构成的体验。

不久之前，为了他的下一部电影，我与他有所合作。在这部电影中我可能会扮演一位四处演讲的哲学家，在一艘豪华邮轮上度过，不过具体做什么我还不清楚；因为谁也不知道，最终这位导演会把电影做成怎样。我很赞赏他的精确和他的严格要求。他所表现的几乎总是与爱相关。然而，我与他之间的主要差异，在于爱与抵抗之间的联系。在戈达尔那里，忧郁是一切事物的底色；而我，则与这种主观情调离之甚远。

在您看来，对于普罗大众而言，电视所造就的新神祇，是否仅仅揭示了某种政治圈套，或者证实了某种对于爱的故事的吸引力，而这种吸引力揭示了普罗大众对爱的强度的认识？

这一现象可以用两种不同的方式加以解读。在政治的框架内，您很快就能判断出，这是某种冒名顶替。人们用这样一些故事来娱乐大众，从而彻底地使他们离开了事件的中心。卡尔拉(Carla)取代西西里娅(Cécilia)[①],这件事从政治上来讲,到底有什么意义?当然,没有任何意义。

但是,您仍然可以以另一种方式来解读这些花边新闻,并且问问自己:事情怎么会是这样?这是因为这里有一种关于爱情故事的特有的兴趣。人们总是注意到,社会上层人士的爱情故事成为下层人眼中一出又一出精彩的戏。为什么会这样?对于这个问题,也可以给出一个双重答案。

人们可以直接诉诸于爱的普遍性。这样,甚至像萨科齐这样的人,也有可能为了爱而痛苦,绝望等待着一条永远不会到来的短信。如果换一个考察的维度,如果由政治真理过渡到爱的真理,政治中的敌人变得跟自己相似,从而敌人消失了,这虽然不令人倍感荣耀,但却也让人感到宁静安适。一个国王,也可能为爱而痛苦,就此而言,他与乡巴佬是可以互相沟通的。在这个层次

---

① 译注:指法国总统萨科齐的现任夫人卡尔拉取代前任西西里娅。西西里娅是萨科齐的第二任妻子,2007年10月15日与萨科齐离婚。2008年2月2日萨科齐与卡尔拉结婚。

上，乡巴佬与国王有得一比。这就是事物浪漫的一面，总归是爱，处处是爱。

然而，还有第二种解读，国王与乡巴佬同样处在爱的痛苦之中，这说明国王、总统、元首、人民领袖其实没什么特别的。他们同样有可能戴绿帽。因此，没有什么理由对他们特别敬畏或者恐惧。于是，我们就又回到政治中来，至少是政治的主观因素的一面。

正如我们说过的，在政治中，总是有一些敌人。因此，我们不用考虑这些敌人是否也有爱的痛苦。这些敌人同样也不会考虑我们有没有爱的痛苦。如果用清楚的政治术语来说，我们就应该说，不论萨科齐是否曾经被他的妻子所骗，坦率来说这都不是我们要讨论的问题。但是，在另一个层面，在由基督教所灌输和强化的、关于爱的品德的冗长说教的层面，我们必须认识到，大家对爱的可见性特别重视。最后，这种爱的可见性成为一个无边界的场域的组成部分，政治中的勇气正是借助于各种各样的材料，在这个场域中形成的；因为勇气总是出自于这样一种想法，即敌人没有任何可以超越自然的意义，没有任何超自然的力量^①。

为了让我们不至于局限于庸俗的萨科齐,我想到了法国历史上曾经发生过的一段崇高而激烈的爱情:在投石党人时代,当时的摄政者、王太后奥地利的安娜(Anne d'Autriche)^②爱上了天才政治家——生活腐败却又诡计多端的马扎然(Mazarin)^③。在想要闹事的造反者看来,这段感情无疑是一个障碍(安娜从未放弃他),同时也为老百姓提供了聊天的谈资和吵架的边角料,尽管在百姓眼中马扎然完全是个恶棍。可以说,在政治与爱情之间,仅仅存在着极为模糊的关系。一方面是分离后千丝万缕、藕断丝连的联系,一方面又是断裂后的此路不通,因此再也没有什么比戏剧能更好地设想和表现这种关系了。喜剧?悲剧?应该是二者兼而有之。

---

① 译注:巴迪欧是西方著名左派学者中有名的毛主义者。他的著作中经常引用毛泽东的著作,他的这句话很容易让人联想到毛泽东的著名论断:帝国主义和一切反动派都是纸老虎。

② 译注:奥地利的安娜(1601—1666),法国国王路易十四的母亲,年幼的路易十四成为法国国王,她担任摄政。1651年,路易十四13岁,安娜正式宣布将权力移交给他,结束她的摄政时期。

③ 译注:马扎然(1602—1661),法国著名政治家,继黎塞留之后,在1643至1661年担任法国首相。

爱,就是用世界上既有的一切来赋予生命以活力,打破和跨越孤独。在这个世界中,我很直接地感受到,幸福的源泉就在于与他人共在。"我爱你"就意味着:在这个世界上,你成为我生命的源泉。在这个源泉的泉水中,我看到了我们的欢乐,首先是你的欢乐。正如马拉美的诗所说的,我看到了:

在波浪中,你变成了
你的赤裸的狂欢[①]

---

① 译注:这两句出自于马拉美的诗《小咏叹调》(Petit air)。

巴迪欧作品列表

一、哲学类

《模式的概念》(*Le Concept de modèle*), Paris, éd. Maspero, 1969.

《哲学前沿之现状》(*La situation actuelle sur le front de la philosophie*), Dir. avec Sylvain Lazarus, Paris, Cahiers Yenan n°4, Maspero, 1977.

《主体理论》(*Théorie du sujet*), Paris, éd. Seuil, 1982.

《能否思考政治》(*Peut-on penser la politique?*), Paris, éd. Seuil, 1985.

《存在与事件》(*L'Être et l'Événement*), Paris, éd. Seuil, 1988.

《保卫哲学宣言》(*Manifeste pour la philosophie*), Paris, éd. Seuil, 1989.

《数与各种数》(*Le Nombre et les Nombres*), Paris, éd. Seuil, 1990.

《条件种种》(*Conditions*), Paris, éd. Seuil, 1992.

《伦理学：论恶的意识》(*L'Éthique, essai sur la conscience du mal*), Paris, éd. Hatier, 1993 (réédition Nous, Caen, 2003).

《德勒兹》(*Deleuze*), Paris, éd. Hachette, 1997.

《圣保罗：普世主义的奠基》(*Saint Paul. La fondation de l'universalisme*), Paris, PUF, 1997.

《元政治纲要》(*Abrégé de métapolitique*), Paris, éd. Seuil, 1998.

《过渡本体论短论》(*Court traité d'ontologie transitoire*), Paris, éd. Seuil, 1998.

《非美学小教程》(*Petit manuel d'inesthétique*), Paris, éd. Seuil, 1998.

《世纪》(*Le Siècle*), Paris, éd. Seuil, 2005.

《世界的逻辑》(*Logiques des mondes. L'Être et l'Événement, 2*), Paris, éd. Seuil, 2006.

《模式的概念》(再版)(*Le Concept de modèle. Introduction à une épistémologie matérialiste des mathématiques*), Paris, éd. Fayard, 2007 (réédition augmentée d'une longue préface du livre publié en 1969 et devenu introuvable).

《便携式小万神殿》(*Petit panthéon portatif*), Paris, éd. La

Fabrique, 2008. (Extrait en ligne)

《保卫哲学之再宣言》(*Second manifeste pour la philosophie*), Paris, éd. Fayard, 2009.

《维特根斯坦的反哲学》(*L'Antiphilosophie de Wittgenstein*), Paris, éd. Nous, 2009.

《爱的多重奏》(*Éloge de l'Amour*), Paris, Flammarion, 2009.

《海德格尔：纳粹，女人，哲学》(*Heidegger. Le nazisme, les femmes, la philosophie*), avec *Barbara Cassin,* Paris, éd. Fayard, 2010.

《性关系根本不存在：关于拉康的两次课程》(*Il n'y a pas de rapport sexuel. Deux leçons sur《L'étourdit》de Lacan*), avec *Barbara Cassin,* Paris, éd. Fayard, 2010.

《哲学与事件》(*La philosophie et l'événement,* entretiens avec Fabien Tarby), éd. Germina, 2010.

《关于瓦格纳事件的五次课程》(*Cinq Leçons sur le Cas Wagner*), Nous, 2010.

《有限与无限》(*Le fini et l'infini*), Bayard, 2010.

《政治与哲学的隐秘关系》(*La relation énigmatique entre politi-que et philosophie*), éd. Germina, 2011.

二、政论时评类

《矛盾论》(*Théorie de la contradiction*), Paris, éd. François

Maspero, 1975.

《论意识形态》(*De l'idéologie*), en collaboration avec F. Balmès, Paris, éd. François Maspero, 1976.

《黑格尔辩证法的理性核心》(*Le Noyau rationnel de la dialectique hégélienne*), en collaboration avec L. Mossot et J. Bellassen, éd. François Maspero, 1977.

《论一场晦暗未明的灾难》(*D'un désastre obscur*), Éditions de l'Aube, 1991.

《境况种种，1：科索沃，九一一，希拉克与勒庞》(*Circonstances, 1.Kosovo,11-septembre, Chirac/Le Pen*), Lignes & Manifeste, 2003.

《境况种种, 2: 伊拉克, 围巾, 德国与法国》(*Circonstances, 2. Irak, foulard, Allemagne/France*), Lignes & Manifeste, 2004.

《境况种种，3："犹太"一词的范围》(*Circonstances, 3. Portées du mot《juif》*), Lignes & Manifeste, 2005.

《境况种种，4：萨科齐代表着什么？》(*Circonstances, 4. De quoi Sarkozy est-il le nom*), Nouvelles Éditions Lignes, 2007.

《境况种种, 5: 共产主义假说》(*Circonstances, 5. L'Hypothèse communiste*), Nouvelles Éditions Lignes, 2009.

《论毛泽东的实践论和矛盾论》(*Mao. De la pratique et de la contradiction*), avec Slavoj Žižek, Paris, éd. La Fabrique, 2008.

《民主，在何种状况中？》(*Démocratie, dans quel état?*), avec Giorgio Agamben, Daniel Bensaïd, Wendy Brown, Jean-Luc Nancy, Jacques Rancière, Kristin Rosset Slavoj Žižek, La Fabrique, 2009.

《解释》(与 *Aude Lancelin* 的谈话) (*L'Explication:Conversation avec Aude Lancelin*), avec Alain Finkielkraut, Nouvelles Éditions Lignes, 2010.

《反犹主义无处不在，今日法国》(*L'Antisémitisme partout. Aujourd'hui en France*), avec Eric Hazan, La Fabrique, 2011.

三、文学创作和文学批评

文学批评：《贝克特，不息的欲望》(*Beckett, l'increvable désir*), Paris, éd. Hachette, 1995.

文学批评：《电影》(*Cinéma*), Paris, Nova éditions, 2010.

小说：《观星台：反向旅途，1》(*Almagestes. Trajectoire inverse I*), Paris, éd. Seuil, 1964.

小说：《罗盘：反向旅途，2》(*Portulans. Trajectoire inverse II*), Paris, éd. Seuil, 1967.

戏剧：《红披肩》(*L'Écharpe rouge:* romanopéra), Paris, éd. Maspero, 1979.

戏剧：《细心的阿赫默德》(*Ahmed le subtil*), éd. Actes Sud, 1984.

戏剧:《哲人阿赫默德;发怒的阿赫默德》(*Ahmed philosophe*, suivi de *Ahmed se fâche*), éd. Actes Sud, 1995.

戏剧:《南瓜》(*Les Citrouilles*) , éd. Actes Sud, 1996.

图书在版编目（CIP）数据

爱的多重奏 /（法）巴迪欧著；邓刚译.-- 上海：华东师范大学出版社，2012.9
ISBN 978-7-5617-9510-1
Ⅰ.①爱… Ⅱ.①巴… ②邓… Ⅲ.①哲学—研究 Ⅳ.①B
中国版本图书馆 CIP 数据核字 (2012) 第 093948 号

华东师范大学出版社六点分社
企划人 倪为国

Éloge de l'amour
by Alain Badiou
Copyright © Flammarion,2009
Published by arrangement with Flammarion SA through Garance Sun
Simplified Chinese Translation Copyright © 2012 by East China Normal University Press Ltd.
ALL RIGHTS RESERVED.
上海市版权局著作权合同登记 图字：09-2011-379 号

爱的多重奏

著　者	（法）阿兰·巴迪欧
译　者	邓　刚
责任编辑	高建红
封面设计	姚　荣
出版发行	华东师范大学出版社
社　址	上海市中山北路 3663 号　邮编 200062
网　址	www.ecnupress.com.cn
电　话	021-6082 1666　行政传真　021-62572105
客服电话	021-62865537
门市 (邮购) 电话	021-62869887
地　址	上海市中山北路 3663 号华东师范大学校内先锋路口
网　店	http://hdsdcbs.tmall.com/
印 刷 者	上海盛隆印务有限公司
开　本	787×1092　1/32
印　张	5
字　数	55 千字
版　次	2012 年 9 月第 1 版
印　次	2024 年 1 月第 8 次
书　号	ISBN 978-7-5617-9510-1 /I·904
定　价	48.00 元

出 版 人　王　焰

（如发现本版图书有印订质量问题，请寄回本社客服中心调换或电话 021-62865537 联系）